KB114964

나는
해외 ETF에
투자
한다

미국, 중국, 유럽,
일본, 신흥국까지!

나는
해외 ETF에
투자
한다

| 홍성수 지음 |

새로운제안

국내 주식시장에서 해외 주가지수에 투자한다

이 책은 '국내 주식시장에서 거래되는 해외 주가지수에 투자하는 금융상품에 관한 매뉴얼 북'이다. 그 내용을 자세히 풀어보면 다음과 같다.

첫째, 국내 투자자가 외국 주식을 거래하려면 그 주식이 상장된 해외 주식시장에서 매매 주문을 내야만 한다. 보통 아시아 주식시장(일본과 중국)은 국내 주식시장과 근접한 시간대에 장이 열리는데 반해, 미국과 유럽의 주식시장은 국내와는 밤낮이 서로 엇갈려서 개장 및 폐장한다.

한편, 이 책에 담긴 해외 주가지수 투자 종목들은 국내 주식시장이 열리는 시간대(오전 9시부터 오후 3시 30분까지)에 거래할 수 있다. 다시 말해, 굳이 밤잠을 설쳐가면서 외국 주식에 투자할 필요가 없다는 뜻이다.

둘째, 국내 투자자가 외국 주식을 거래하려면 다양한 부대비용이
발생한다. 일례로 원화를 해당 국가의 외화로 환전하여야 하고, 따
라서 환전수수료를 (매수 시점과 매도 시점 등에) 이중으로 부담해야
만 한다. 이와 동시에 원화와 외화 간의 환율이 수시로 변동하기 때
문에 필연코 환차손익이 부수적으로 발생한다.

한편, 이 책에 수록된 해외 주가지수 투자 종목들은 국내 주식시
장에서 원화로 거래되기 때문에, 환전수수료가 발생하지 않는다. 이
와 동시에 환율변동에 따른 환차손익을 오픈(open)시키거나 헤지
(hedge)시킬 수 있다. 다시 말해, 해외 투자 손익에 환차손익을 가
산하거나 제로로 만들 수 있다는 뜻이다.

셋째, 국내 투자자가 외국 주식을 매수하는 경우, 그 주가가 상승
해야만 투자이익을 얻을 수 있다. 특히, 국내 주식시장과는 달리 외
국에서는 주가가 제한 없이 등락할 수 있기에, 손익이 크게 증폭될
가능성이 크다. 다시 말해, 하룻밤에 천당과 지옥을 오가기도 한다
는 뜻이다.

한편, 이 책에 수록된 해외 주가지수 투자 종목들은 그 주가지수
가 상승해야 이익이 나는 정비례 종목(레버리지 포함)과, 하락해야만
이익이 나는 반비례 종목(곱버스 포함)으로 각각 구분된다. 특히, 개
별 종목과는 달리 하루 주가지수의 등락 폭이 대략 1~5% 수준에

서 안정적으로 움직이기에 단기간의 투자 위험을 크게 줄일 수 있다. 하지만, 티끌을 모으면 태산을 쌓을 수 있다는 속담처럼, 장기간에 걸쳐 소액의 투자수익이 모이게 되면 투자 원금이 몇 배로 늘어나기도 한다.

이 책에 담긴 해외 주가지수에 투자하는 금융상품에는 국내 자산운용사들이 만든 상장지수펀드(ETF)와 국내 증권사들이 만든 상장지수증권(ETN)으로서, 각각의 장(章)별로 다음의 내용으로 구성되어 있다(상세 내용은 제6장 참조).

제1장에서는 미국 주식시장에서의 주가지수인 다우지수, 나스닥지수, FANG지수, S&P500지수 등에 투자하는 종목에 관해 설명한다.

제2장에서는 중국 주식시장에서의 주가지수인 CSI300지수, A50지수, 심천ChiNext지수, 차이나 HSCEI 등에 투자하는 종목에 관해 설명한다.

제3장에서는 유럽 주식시장에서의 대표적인 주가지수인 EuroStocks50지수에 투자하는 종목에 관해 설명한다.

제4장에서는 일본 주식시장에서 주가지수인 Nikkei225지수, TOPIX 등에 투자하는 종목에 관해 설명한다.

제5장에서는 신흥국 주식시장(일명 이머징 마켓)의 전형적인 주가지수인 신흥국 MSCI, 인도 Nifty50지수, 인도네시아 MSCI지수, 필

리핀 MSCI지수, 베트남 VN30지수, 라틴35지수, 멕시코 MSCI지수 등에 투자하는 종목에 관해 설명한다.

실제로, 국내외 주식시장에는 이 책에 수록된 내용 이외에 해외 주가지수에 투자하는 수많은 종목이 존재한다. 하지만, 필자의 경험에 비추어 볼 때, 이 책에 있는 종목만으로도 충분한 투자이익을 얻을 수 있다고 본다. 도리어, 투자할 종목이 많을수록 판단의 혼란만 일으켜 실패할 가능성이 크다고 하겠다.

모쪼록, 개인투자자들이 이 책을 충분히 숙지한 후 국내 주식시장에서 해외 주가지수에 투자함으로써 장기간에 걸쳐 안정적인 투자이익을 얻기를 기원하는 바이다.

홍성수

미국 주가지수에 투자해야 하는 종목들

 중국 주가지수에 투자해야 하는 종목들

유럽 주가지수에 투자해야 하는 종목들

 일본 주가지수에 투자해야 하는 종목들

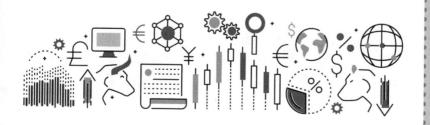

제5장 **신흥국 주가지수에 투자해야 하는 종목들**

제6장 ETP 자세히 들여다보기

제1장

미국 주가지수에 투자해야 하는 종목들

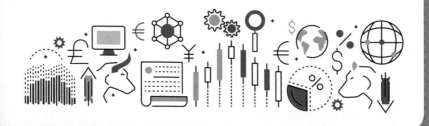

01
다우지수에
정비례하는 종목

안정적 투자자를 위한 1배 정비례 종목

해외지수에 투자하라는 것은 세계 여러 나라의 주식시장에서 발표하는 주가지수에 따라 주가가 변동하는 상장지수상품(ETP, Exchange Traded Products)에 투자하라는 말과 같다(제6장 참조).

먼저, 전 세계 주식시장 중에서 시가총액의 규모가 가장 큰 미국 주식시장에서도 역사가 아주 오래된 주가지수인 '다우지수'에 대해 살펴본다.

우선, 다우지수에 투자할 경우 선택이 요구된다. 향후 다우지수가 상승할지 하락할지를 예측해야 한다는 것이다. 왜냐하면, 다우지수가 상승할 것이라면 정비례 종목에, 반대로 하락할 것이라면 반비례 종목에 배팅해야 하기 때문이다.

다음 두 차트를 비교해 보면서 정비례 종목을 알아본다. (도표 1-1)은 과거 3년간의 다우지수 그래프이고, (도표 1-2)는 같은 기간 특정 ETF 종목의 주가 흐름도이다. 과거 3년간의 주가 변동을 비교하는 이유는 이 종목이 2016년 6월에 최초로 상장되어 거래되었기 때문이다.

(도표 1-1) 다우지수 : 3년간 주가지수 추세

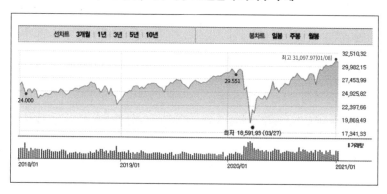

(도표 1-2) TIGER 미국다우존스30 (종목 코드 : 245340)

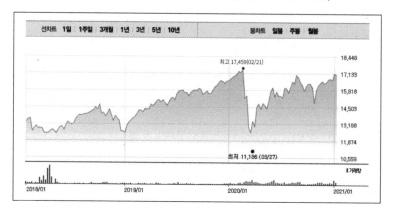

언뜻 보아도 두 차트의 모양새가 거의 유사해 보인다. 실제 두 차트는 정확하게 그 모습이 일치해야만 한다. 왜냐하면, 애초에 서로 일치하도록 설계했기 때문이다. 이 종목은 국내 주식시장에서 다우지수에 정비례하는 유일한 투자 대상 종목이다.

다우지수는 3년 전에 24,000포인트(2018년 1월)에서 출발하여 지속적으로 우상향하면서 최고점인 29,551포인트(2020년 2월)를 기록했다. 그 후 전 세계적으로 퍼진 코로나 사태로 인해, 한 달 동안에 37% 폭락해 최저점인 18,592포인트(2020년 3월)까지 떨어졌다. 하지만, V자 형태의 반등세를 보이면서 67% 상승한 30,000포인트를 돌파함으로써, 이전의 주가지수 최고점을 경신했다.

다우지수를 추종하는 1배 정비례 ETF 종목의 주가 역시 최고점인 17,495원에서 최저점인 11,186원으로 36% 하락했다. 그러고 나서, 주가 폭락세를 만회하면서 56% 상승한 17,000원대로 되돌아갔다.

원래, 다우지수의 등락률과 1배 정비례 종목의 등락률은 일치해야만 한다. 다시 말해, 다우지수의 상승률이 60%라면 이론적으로 이 종목의 주가 상승률도 60%가 되어야 한다. 하지만, 여기서는 단지 56%의 상승률을 기록하여, 약간의 차이가 나고 있다. 그 주된 이유는 기간 수익률의 편차, 수익률의 복리 효과, 시장의 불완전성 등 다양한 요인이 복합적으로 작용하기 때문이다(제6장 참조).

위의 내용을 정리하면, 다우지수가 5% 상승하면 1배 정비례 종목의 주가는 같은 비율인 5% 상승한다. 반대로, 다우지수가 5% 하락하면 이 종목의 주가는 당연히 5% 하락해야 한다. 향후 다우지수가 상승할 것으로 전망하는 투자자는 이 종목을 매수하라. 그 후에 다우지수가 충분히 상승해 하락 반전할 것으로 판단되면 매도하여 이익을 확정하라.

1배 정비례 종목의 투자수익률

만약에 투자자가 과거에 이 종목을 매수했더라면 수익률이 어느 정도였을까? 과거의 투자수익률을 (도표 1-3)에서 엿볼 수 있다.

(도표 1-3) TIGER 미국다우존스30의 투자수익률

구분	1개월	3개월	6개월	1년	설정 이후
기준가격	3.24%	4.77%	6.19%	2.82%	80.23%
기초지수	3.23%	4.31%	5.28%	1.18%	69.87%

기준가격이란 주식시장에서 매매가 이루어지면서 형성된 주가를, 기초지수(혹은 추종지수)는 이 종목의 주가가 추종하는 주가지수(이 사례에서는 다우지수)를 말한다. 주식 가액과 주가지수 포인트를 기준으로 수익률을 계산하고 있다.

이 종목을 최초 상장 시점(2016년 6월)에 매수하여 현재(2021년 1월 15일 기준, 이하 동일)까지 보유했다면 수익률은 80.23%로 나타났다. 그 당시 1,000만 원을 매수했더라면 800만 원의 수익이 쌓여 투자 원금이 1,800만 원으로 불어났다는 뜻이다. 같은 기간의 다우지수는 69.87% 상승했다.

이 종목에 투자할 때 유의할 사항이 하나 있다. 과거 1년의 수익률이 (+)2.82%인 데 반해, 6개월은 (+)6.19%이며, 3개월이 (+)4.77%이고, 최근 1개월의 수익률이 (+)3.24%로 나타나고 있다. 원래, 기간별 수익률은 투자 기간이 길수록 높아야 하고, 짧을수록 낮아야 한다. 하지만 이 차트에서 보듯이, 과거 1년간 다우지수가 등락을 거듭하면서, 이 종목의 주가도 크게 출렁이며 기간별 수익률의 차이가 나고 있다.

기초지수가 단기간에 박스권에서 등락한다면, 단기 매매(저점 매수, 고점 매도)하는 투자 패턴이 보다 유리하다. 하지만, 기초지수가 장기간에 걸쳐 상승 추세를 보이면 '매수 후 보유'하는 투자 패턴이 수익률을 높이는 방법이다. 각각의 상황에 맞춰 투자 패턴을 정할 필요가 있다.

1배 정비례 종목의 구성 명세

원래, 다우지수의 정식 명칭은 '다우존슨 산업평균지수(DJIA, Dow Jones Industrial Average Index)'로, 미국 뉴욕증권거래소 (NYSE, New York Stock Exchange)에 상장된 전체 종목 중에서 선정된 30개 종목의 평균주가로 측정한다. 즉, 다우지수는 '단순 평균 주가 계산법'에 따라 산정한다.

좀 더 자세히 설명하면, 미국 뉴욕증권거래소에 상장된 전체 3,000여 종목 중에서 신용도가 높고 각 산업(운송업과 유틸리티 산업 제외)을 대표하는 (약 1%에 해당하는) 30개 초우량 기업의 주가를 모두 더한 금액에, 종목 개수인 30개로 나눠 다우지수를 산정한다. 다우지수에 포함되는 기업과 그 투자 비중은 (도표 1-4)와 같다.

원래, 다우지수를 추종하는 ETF 종목은 30개 기업 주식을 같은

(도표 1-4) TIGER 미국다우존스30의 구성 명세

No	종목명	수량(주)	평가금액(원)	비중(%)
1	UnitedHealth Group Inc	310	120,848,515	7.05
2	Goldman Sachs Group Inc	310	103,114,717	6.01
3	The Home Depot Inc	310	93,281,139	5.44
4	The DJIA MINI e-CBOT Mar21	0.54	91,780,722	5.35
5	Amgen Inc	310	80,921,941	4.72
6	salesforce.com Inc	310	74,264,108	4.33
7	Microsoft Corp	310	73,637,809	4.29
8	McDonald's Corp	310	72,191,194	4.21

No	종목명	수량(주)	평가금액(원)	비중(%)
9	Visa Inc	310	71,258,553	4.15
10	70,530,139	310	70,530,139	4.11
11	The Honeywell International Inc	310	70,465,467	4.11
12	Caterpillar Inc	310	66,677,038	3.89
13	Walt Disney Co	310	59,947,725	3.5
14	The 3M Co	310	56,598,386	3.3
15	Johnson & Johnson	310	53,742,598	3.13
16	Walmart Inc	310	50,189,031	2.93
17	NIKE Inc	310	48,687,955	2.84
18	Travelers Cos Inc	310	48,419,055	2.82
19	The JPMorgan Chase & Co	310	47,772,333	2.79
20	Procter & Gamble Co	310	46,720,558	2.72
21	The Apple Inc	310	44,552,338	2.6
22	International Business Machines Corp	310	43,201,029	2.52
23	American Express Co	310	41,662,512	2.43
24	Chevron Corp	310	31,740,435	1.85
25	Merck & Co Inc	310	28,026,889	1.63
26	Dow Inc	310	20,433,011	1.19
27	Verizon Communications Inc	310	19,422,082	1.13
28	Intel Corp	310	19,384,641	1.13
29	Coca-Cola Co	310	17,073,460	1
30	The Walgreens BootsAlliance Inc	310	16,658,197	0.97
31	Cisco Systems Inc	310	15,439,636	0.9
32	원화예금		108,275,143	6.31

㈜ 항목 중 The DJIA MINI e-CBOT Mar21은 개별 주식이 아닌 주가지수 선물을 매수한 종목(2021년 3월 만기물)을, 그리고 원화 예금은 주가지수 선물거래 보증금임

수량만큼(이 사례에서는 310주) 매수하여 운용한다. 왜냐하면, 다우 지수가 30개 종목의 주가를 평균하는 방식이므로, 이 지수를 추종하기 위해서는 30개 기업의 주식을 동일한 수량만큼 보유해야 하기 때문이다.

주가지수를 단순 주가평균 방식에 따라 산정하다 보면, 당연히 주가가 클수록 총투자액에서 차지하는 비중이 높아진다. 예를 들어, 전체 투자금액 중에서 헬스케어 종목인 '유나이티드 헬스 그룹(United Health Group Inc)'의 비중이 가장 높은 7.05%이고, 맨 마지막에 나오는 컴퓨터 시스템 개발업체인 '시스코시스템즈(Cisco Systems Inc)'의 투자 비중이 가장 낮아 0.90%를 차지하고 있다.

(도표 1-5) 다우지수의 업종(섹터)별 비중

업종비중

업종(섹터)	비중(%)
정보기술	20.71
헬스케어	16.54
산업	15.85
금융	13.06
임의소비재	12.67
필수소비재	7.69
커뮤니케이션 서비스	4.82
에너지	1.73
소재	1.11

상위10종목

종목명	업종	비중(%)
UnitedHealth Group Inc	헬스케어	7.05
Goldman Sachs Group Inc	금융	6.01
The Home Depot Inc	임의소비재	5.44
Amgen Inc	헬스케어	4.72
The salesforce.com Inc	정보기술	4.33
Microsoft Corp	정보기술	4.29
McDonald's Corp	임의소비재	4.21
The Visa Inc	정보기술	4.15
70,530,139	산업	4.11
Honeywell International Inc	산업	4.11

주식시장에서는 종목을 편의상 업종(섹터)별로 구분한다. 이 분류에 따르면, 다우지수에 편입되는 종목들의 업종별 시가총액 비중은 어느 정도일까? (도표 1-5)에서와 같이, 정보기술(20.71%), 헬스케어(16.54%), 일반산업(15.85%) 등으로 이 3개 섹터의 비중이 절반이상을 점하고 있다.

만약, 다우지수를 10년 전에 매수해 현재까지 보유한다면, 투자수익률은 어느 정도일까? (도표 1-6)에서 보듯이, 다우지수는 10년 동안 꾸준히 우상향하면서 주가지수 최저점 10,655포인트(2011년 11월)에서 시작해 최고점 31,097포인트(2021년 1월)까지 상승했다. 과거 10년간 투자 원금이 3배 수준(실제 투자수익률 192%)으로 불어났다. 단순평균으로 따져도 연수익률이 19% 수준에 달한다.

이 기간에 미국 금융위기의 후유증, 유럽 재정위기의 발생, 그리고 세계적인 코로나 전염 사태 등 여러 번의 곡절을 겪었지만, 장기투자가 수익률을 높인다는 사실을 느낄 수 있다.

(도표 1-6) 다우지수 : 10년간 주가지수 추세

02
다우지수에 정비례 및
반비례하는 종목

국내 주식시장에서 다우지수를 추종하는 ETF 종목은 앞서 살펴본 'TIGER 미국다우존스30'이 유일하다. 하지만, 투자 범위를 상장지수채권(ETN, Exchange Traded Note)까지 확대하면, 다우지수에 정비례 및 반비례하는 다음 4개의 종목이 거래되고 있다(도표 1-7~도표 1-10 참조).

공격적 투자자를 위한 레버리지 종목

국내 개인투자자들은 주식에 투자할 때 기대하는 수익률을 비교적 높게 잡는 경향이 있다. 소액의 투자자금을 굴려서 단기간에 큰돈을 쥐려고 위험을 감수하는 공격적 성향이 강하다는 이야기다. 이들에게 걸맞은 종목이 바로 레버리지 종목이다. 마치 지렛대를 활용해 적은 힘(소액의 투자금액)으로 큰 물체(2배의 수익률)를 들어 올린다는 뜻에서 레버리지(leverage)라는 이름이 붙었다.

다음의 두 차트를 비교해 보면서 1배 정비례 및 레버리지 종목에 대해 알아본다. (도표 1-7)은 일정 기간 다우지수에 1배 정비례하는 종목이다. 반면에 (도표 1-8)은 같은 기간에 다우지수에 2배 정비례하는 종목이다. 애초에 서로 일치하도록 두 종목을 설계했기에, 두 차트의 모양새는 똑같아야만 한다. 다만, 그 진폭만이 차이가 난다.

그러면, 두 차트의 진폭 차이는 어느 정도인지 알아보자. 이 기간에 1배 정비례 종목의 주가 최저점은 10,745원이고 최고점은 18,655원이다. 만약, 최저점에서 매수하여 최고점에서 매도했다면 (+)74%의 투자 이익을 얻는다. 반면에, 투자에 실패하여 최고점에서 매수하여 최저점에 매도한다면 투자수익률이 (-)42%가 된다.

한편, 같은 기간에 레버리지 종목의 주가 최저점은 9,415원이고, 최고점은 28,580원이다. 만약, 최저점에서 매수하여 최고점에서 매도할 수만 있다면 (+)204%의 수익률을, 그 반대로 매매한다면 (-)67%의 손실률을 기록하게 된다.

원래, 레버리지 종목의 수익률(손실률)은 1배 정비례 종목의 수익률(손실률) 대비 2배를 기록해야 한다. 다시 말해, 1배 정비례 종목의 수익률이 (도표 1-7)과 같이 (+)74%라면, 레버리지 종목은 그 2배인 (+)148%의 수익률을 기록해야만 한다. 하지만, 실제 수익률은 (+)204%로, 큰 차이가 난 상황이다. 기간 수익률의 편차, 수익률

24

(도표 1-7) 신한 다우존스지수 선물 ETN(H) (종목코드 : 500009)

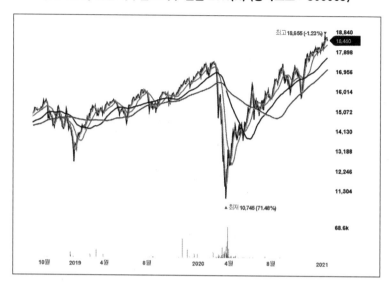

(도표 1-8) 신한 레버리지 다우존스지수 선물 ETN(H) (종목코드 : 500020)

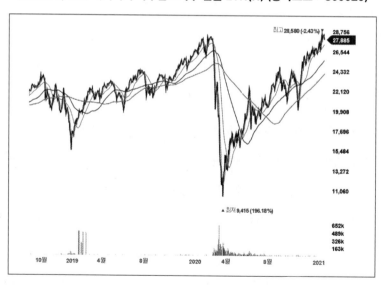

의 복리 효과, 시장의 불완전성 등 다양한 요인이 복합적으로 작용하기 때문에, 차이가 나고 있다.

여하튼, 다우지수가 5% 상승하면 1배 정비례 종목은 같은 비율만큼 상승하지만. 레버리지 종목의 주가는 그 2배인 10% 내외로 상승한다는 것을 이해하자. 반면에, 다우지수가 5% 하락하면 1배 정비례 종목은 5% 하락하지만, 레버리지 종목의 주가는 10% 내외에서 하락한다는 사실도 명심하라!

공격적 투자자를 위한 더블인버스 종목

이번에는 다우지수가 하락해야 이익이 나는 종목을 알아본다. 이들 종목의 이름에는 항상 '인버스(inverse)'라는 명칭이 붙기 때문에, 구분하기가 그리 어렵지 않을 것이다. 인버스는 '반대 혹은 반비례'라는 의미를 담고 있다. 특히, 공격적 투자자를 위해 2배 인버스 종목(주식시장에서는 속칭 '더블인버스' 혹은 '곱버스'라고 칭함)도 있다.

다음 두 차트를 비교해 보면서 1배 반비례 및 더블인버스 종목에 대해 알아본다. (도표 1-9)는 다우지수에 1배 반비례하는 종목이다. 그리고 (도표 1-10)은 같은 기간에 다우지수에 2배 반비례하는 종목이다. 당초, 두 차트는 서로 일치하도록 종목을 설계했기에, 그 진폭만을 제외하고 똑같은 모습이다.

그러면, 두 차트에서 주가의 진폭의 차이는 어느 정도인지 알아보자. 이 기간의 1배 반비례 종목의 주가 최고점은 9,000원이고 주가

(도표 1-9) 신한 인버스 다우존스지수 선물 ETN(H) (종목코드 : 500010)

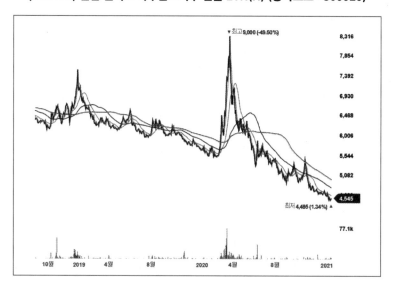

(도표 1-10) 신한 인버스 2X 다우존스지수 선물 ETN(H) (종목코드 : 500028)

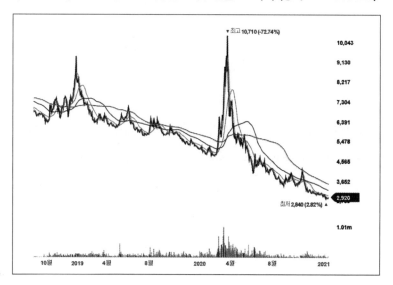

최저점은 4,485원이다. 만약에, 최고점에서 매수하여 최저점에서 매도했더라면 (-)50%의 손실로, 투자 원금이 절반으로 쪼그라들게 된다. 반대로, 다행스럽게도 최저점에서 매수하여 최고점에서 매도한다면, 투자수익률이 (+)100%로, 원금이 두 배로 불어나게 된다.

한편, 같은 기간 더블인버스 종목의 주가 최고점은 10,710원이고 주가 최저점은 2,840원이다. 만약에, 최고점에서 매수하여 최저점에서 매도했더라면 (-)73%의 손실을, 그 반대로 매매한 상황이라면 (+)277%의 투자수익률을 얻는다.

원래, 더블인버스 종목의 수익률(손실률)은 1배 반비례 종목의 수익률(손실률) 대비 2배 내외를 기록해야 한다. 다시 말해, 1배 반비례 종목의 손실률이 (-)50%라면, 더블인버스 종목은 그 2배인 (-)100%가 되어야 한다. 하지만, 이 사례에서는 실제 손실이 (-)73%로 큰 차이가 난 상황이다. 기간 수익률의 편차, 수익률의 복리 효과 등의 요인이 작용했기 때문이다.

여하튼, 다우지수가 5% 하락하면 1배 반비례 종목의 주가는 반대로 5% 상승하지만, 더블인버스 종목의 주가는 그 2배인 10% 내외로 상승한다. 주가지수가 하락하는 시기에 유효한 투자수단이 인버스 및 더블인버스 종목이다. 반면에, 기초지수가 예측과 달리 상승하면, 큰 손실을 볼 수 있으니 주의하자.

다우지수에 비례하는 종목

↗

국내 주식시장에서 거래되는 다우지수에 정비례 및 반비례하는 종목을 (도표 1-11)에 정리했으니, 투자에 참고하기 바란다.

(도표 1-11) 다우지수에 정비례 및 반비례하는 종목

종목명	종목코드	수수료율	상장주식수(천주)	거래량(주)
TIGER 미국다우존스30	245340	0.350%	2,500	32,420
신한 다우존스지수 선물 ETN(H)	500009	0.750%	2,000	57
신한 레버리지 다우존스지수 선물 ETN(H)	500020	1.050%	2,000	3,304
신한 인버스 다우존스지수 선물 ETN(H)	500010	0.750%	2,000	1,309
신한 인버스 2X 다우존스지수 선물 ETN(H)	500028	1.050%	4,000	57,439

(주1) TIGER는 미래에셋자산운용에서 만든 ETF의 브랜드 이름으로 총투자 총지분수익(Total Investment Gross Equity Return)의 약자임
(주2) 신한 ETN은 모두 신한금융투자에서 만들어 운용하는 종목임
(주3) 종목명 마지막에 표시된 (H)는 헤지(Hedge)의 약자로서, 선물환 등을 통해 환율이 변동하더라도 투자수익에 영향을 미치지 않는다는 뜻임

참고로 투자 종목을 선택할 때 고려할 사항을 정리하면 다음과 같다.

첫째, 종목명 마지막에 (H) 표시가 붙은 것은 환율 변동에 대한 위험이 헤지(Hedge)되었다는 의미다. 다시 말해, (H) 표시 종목의 경우 원/달러 환율이 변동하더라도 투자수익에 영향을 주지 않는다. 반면에 종목명에 (H) 표시가 없으면, 주가뿐만 아니라 환율의

변동에 따라 수익률이 상이해진다(제6장 참조).

둘째, 주가지수의 변동을 정확하게 추종하는 종목이야말로 투자하기 적합한 종목이다. 따라서 될 수 있으면, 거래량이 많은 종목을 골라서 투자하라. 또한, 투자비용을 줄이려면 수수료율이 낮은 종목을 고르는 편이 더 유리하다.

셋째, 주식시장의 특성상 다우지수가 상승 추세를 보일 때에는 정비례 종목이, 하락 추세일 때에는 반비례 종목의 거래량이 늘어난다. 특히 1배 정비례(반비례 포함)하는 종목들의 거래량보다 레버리지(더블인버스 포함)의 거래량이 더 많은 것으로 미루어, 개인투자자들의 투자 성향이 매우 공격적이라는 사실을 엿볼 수 있다.

03
나스닥지수에
정비례하는 종목

안정적 투자자를 위한 1배 정비례 종목

앞서 살펴본 다우지수가 (지금으로부터 125년 전인) 1896년부터 측정하기 시작한 세계에서 가장 오래된 주가지수라면, 앞으로 설명할 나스닥지수는 (지금으로부터 50년 전인) 1971년부터 산정하기 시작한 비교적 새로운 주가지수이다. 그 차이점을 반영하듯이, 다우지수에는 전통 우량 대기업이 주로 포함되는 데 반해, 나스닥지수에는 정보기술(I/T)을 바탕으로 하는 벤처기업 위주로 구성되어 있다.

우선, 나스닥지수에 투자할 때도 반드시 선택이 요구된다. 향후 나스닥지수가 상승할지 하락할지를 예측해야 한다. 왜냐하면, 나스닥지수가 상승할 것이라면 정비례 종목에, 반대로 하락할 것이라면 반비례 종목에 배팅해야 하기 때문이다.

다음의 두 차트를 비교해 보면서 정비례 종목에 대해 살펴본다. (도표 1-12)는 과거 10년간의 나스닥지수를 나타내는 차트이다. 앞서 살펴본 다우지수와 마찬가지로 똑같이 우상향 추세를 보인다. 실례로, 최저점 2,335포인트(2011년 11월)에서 최고점 13,201포인트(2021년 1월)까지 꾸준히 상승했다.

과거 10년간 투자 원금이 5배(투자수익률 465%) 이상 불어난 것이다. 이는 단순평균 연수익률이 46.5%로서, 다우지수의 연수익률(18%)보다 2.6배 높은 수준이다. 이 기간에 금융위기, 재정위기, 코로나 사태 등 수많은 굴곡을 겪었지만, 장기 투자야말로 수익률을 높이는 방법이라 할 만하다.

한편 (도표 1-13)은 같은 기간 특정 ETF 종목의 주가 차트이다. 과거 10년 동안의 주가 변동을 비교하는 이유는 이 종목이 2010년 10월에 처음 상장되어 거래되었기 때문이다.

언뜻 보아도 두 차트의 모양새는 거의 일치한다. 당초, 서로 같은 모습을 보이도록 설계했기 때문이다. (도표 1-13)의 주가 그래프를 보면, 10년 전에 나스닥지수와 거의 유사하게 최저점 9,476원에서 출발하여 최고점 66,117원까지 상승했다. 10년에 걸쳐 투자 원금이 7배(투자수익률 598%) 이상으로 불어났다.

원래, 위에서 산정한 나스닥지수의 상승률 465%와 이 종목의 수익률 598%는 서로 일치해야만 한다. 하지만, 기간 수익률의 편차, 수익률의 복리 효과, 그리고 투자 기간의 장기화 등에 따라 큰 차이가 나고 있다.

(도표 1-12) 나스닥지수 : 10년간 주가지수 추세

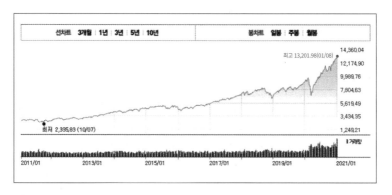

(도표 1-13) TIGER 미국 나스닥100 (종목코드 : 133690)

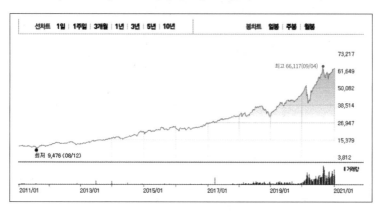

여하튼, 나스닥지수가 5% 상승하면 1배 정비례 종목의 주가는 같은 비율만큼 상승하고, 반대로 다우지수가 하락하면 그 비율만큼 하락한다. 향후 나스닥지수가 상승할 것으로 판단되는 상황에서 매수하기에 무난한 종목이다.

1배 정비례 종목의 투자수익률

만약 투자자가 과거에 이 종목에 투자했더라면 기간별 수익률은 어느 정도일까? (도표 1-14)에서 과거 수익률의 힌트를 얻을 수 있다. 기준가격이란 주식시장에서 형성되는 주가를, 기초지수는 이 종목이 추종하는 주가지수(이 사례에서는 나스닥지수)를 말한다.

이 종목을 최초 상장 시점(2010년 10월)에 매수하여 현재까지 보유한다면 546%의 수익률을 얻게 된다. 그 당시 1,000만 원을 투자했더라면 원금이 6배 이상인 6,460만 원으로 늘어난다. 실제로 같

(도표 1-14) TIGER 미국 나스닥100 (종목코드 : 133690)

구분	1개월	3개월	6개월	1년	설정이후
기준가격	3.37%	4.50%	10.59%	35.89%	546.27%
기초지수	3.38%	4.34%	10.41%	35.78%	523.31%

은 기간에 나스닥지수는 523% 상승했다. 나스닥지수가 장기간에 걸쳐 상승 추세를 보이면 이 종목을 '매수 후 보유'하는 투자 패턴이 수익률을 높이는 방법이다.

1배 정비례 종목의 구성 명세

나스닥지수는 미국 나스닥시장(NASDAQ : National Association of Securities Dealers Automated Quotations, 전국 증권회사 협의회에서 전산으로 매매 주문이 자동 처리되는 주식시장)에 상장된 전체 3,000여 종목의 시가총액을 기준으로 산정되는 주가지수이다.

나스닥시장이 처음 개설된 1971년(기준시점)의 시가총액을 100포인트로 정한 후, 특정 시점의 시가총액을 기준시점의 시가총액과 비교하여 나스닥지수를 산정한다. 예를 들어, 나스닥지수가 13,000포인트라는 것은, 이 비교 시점의 시가총액이 기준시점의 시가총액에 비해 130배 늘어났다는 것이다.

원래 ETF 종목이 나스닥지수를 정확하게 추종하려면, 그 주가지수를 구성하는 3,000여 종목을 모두 매수하여 운용하여야만 한다. 이는 현실적으로 불가능하지는 않지만, 관리하는 종목이 늘어날수록 직접비용(거래세금이나 매매수수료 등)과 간접비용(인건비와 사무처리비용 등)이 과다하게 발생함으로써 투자수익률이나 효율성이 낮아질 가능성이 크다.

따라서 나스닥지수를 추종하는 대부분의 ETF는 나스닥지수가 아

(도표 1-15) TIGER 미국 나스닥100의 구성 명세

No	종목명	수량(주)	평가금액(원)	비중(%)
1	Apple Inc	5,264	756,527,446	11.85
2	Microsoft Corp	2,341	556,084,230	8.71
3	Amazon.com Inc	155	538,802,819	8.44
4	Tesla Inc	363	340,545,611	5.33
5	Facebook Inc	744	205,567,735	3.22
6	Alphabet Inc	102	196,485,782	3.08
7	Alphabet Inc	93	178,418,686	2.79
8	NVIDIA Corp	292	173,539,822	2.72
9	PayPal Holdings Inc	552	148,432,910	2.33
10	Intel Corp	1,931	120,747,554	1.89
11	Comcast Corp	2,151	118,467,787	1.86
12	Adobe Inc	226	117,138,263	1.83
13	Netflix Inc	208	115,971,111	1.82
14	PepsiCo Inc	651	101,923,046	1.6
15	Cisco Systems Inc	1,991	99,162,312	1.55
16	Broadcom Inc	191	94,626,858	1.48
17	QUALCOMM Inc	533	92,127,536	1.44
18	Costco Wholesale Corp	208	83,805,508	1.31
19	T-Mobile US Inc	585	82,539,405	1.29
20	Texas Instruments Inc	433	81,494,141	1.28
21	Amgen Inc	274	71,524,554	1.12
22	Charter Communications Inc	94	63,786,048	1
23	Starbucks Corp	553	62,474,190	0.98
24	Advanced Micro Devices Inc	567	57,139,107	0.9
25	Intuit Inc	124	49,690,033	0.78
26	Intuitive Surgical Inc	55	49,003,465	0.77
27	Applied Materials Inc	430	46,293,327	0.73
28	Micron Technology Inc	525	46,064,119	0.72
29	MercadoLibre Inc	23	45,411,490	0.71
30	Booking Holdings Inc	19	45,529,646	0.71

닌 나스닥100지수를 추종하는 방식으로 설계된다. 특히, 나스닥시장에서 상위 100개 종목의 시가총액 합계액이 전체 시가총액의 약 80% 수준을 커버하기 때문에, 직간접 비용의 발생을 줄여 수익률을 높일 수 있다.

참고로 나스닥100지수에 속하는 100개 종목 중 (지면이 협소한 관계로 인해) 시가총액 상위 30개 종목을 예시하면 (도표 1-15)와 같다.

주식시장에서는 상장된 전체 종목을 편의상 업종(섹터)별로 구분한다. 이에 따라, 나스닥지수의 경우 업종별 시가총액은 어느 정도일까?

(도표 1-16)에서 보듯이 (애플, 마이크로소프트, 엔비다 등이 포함된) 정보기술이 절반에 약간 못 미치는 42.63%를, 뒤를 이어서 (아

(도표 1-16) 나스닥지수의 업종(섹터)별 비중

업종비중

업종(섹터)	비중(%)
정보기술	42.63
임의소비재	16.99
커뮤니케이션 서비스	16.32
헬스케어	5.71
필수소비재	4.58
기타	3.72
산업	1.66
유틸리티	0.85
커뮤니케이션 서비스	1.80
유틸리티	1.70

상위10종목

종목명	업종	비중(%)
Apple Inc	정보기술	11.85
Microsoft Corp	정보기술	8.71
Amazon.com Inc	임의소비재	8.44
Tesla Inc	임의소비재	5.33
Facebook Inc	커뮤니케이션 서비스	3.22
Alphabet Inc	커뮤니케이션 서비스	3.08
Alphabet Inc	커뮤니케이션 서비스	2.79
NVIDIA Corp	정보기술	2.72
PayPal Holdings Inc	정보기술	2.33
Intel Corp	정보기술	1.89

마존과 테슬라 등이 포함된) 임의소비재가 16.99%를, 그리고 (구글의 모회사인 알파벳 등의) 커뮤니케이션 서비스가 16.32%로서, 이들 3개 섹터의 비중이 77%를 차지한 상태이다.

04
FANG지수에
정비례하는 종목

공격적 투자자를 위한 FANG 투자 종목

앞서 나스닥지수에 1배 정비례하는 종목을 설명했다. 나스닥시장에 상장된 전체 3,000개사 중에서 (시가총액 상위 3% 수준인) 100개회사에 투자하면 수익을 낼 수 있을 것이다. 그런데 투자 대상을 더욱 좁혀, 나스닥시장에 상장된 초대형 몇 개사에만 투자하는 종목도 있다. 일명 FANG으로 (도표 1-17)에 투자 대상 회사들이 나열되어 있다.

우선, FANG이란 페이스북(Facebook), 애플(Apple), 아마존(Amazon), 넷플릭스(Netflix), 구글의 모회사인 알파벳(Alphabet's Google)의 머리글자를 뜻한다. 여기에 더해 전기차로 유명한 테슬라(Tesla Motors), 컴퓨터 그래픽카드 전문 업체인 엔비디아(NVIDIA

Corp), 중국의 전자상거래 업체인 알리바바(ALIBABA GROUP HOLDING-SP ADR) 등이 편입되어 있다.

(도표 1-17) KODEX 미국 FANG플러스의 투자 명세

No	종목명	수량(주)	평가금액(원)	비중(%)
1	설정현금액	-	1,172,444,096	0.00%
2	외국환포워드(USD)		-1,188,919,723	0.00%
3	원화예금	-	54,505,572	0.00%
4	TESLA MOTORS	204	130,987,685	11.39%
5	ALPHABET INC-CL A	62	122,227,609	10.63%
6	TWITTER INC	2,251	116,407,221	10.12%
7	BAIDU INC	725	113,159,525	9.84%
8	APPLE Inc	845	112,413,201	9.77%
9	FACEBOOK	357	108,881,388	9.47%
10	NVIDIA Corp	185	107,269,005	9.33%
11	Amazon.com Inc	30	103,450,815	8.99%
12	NETFLIX	192	103,366,347	8.99%
13	ALIBABA GROUP HOLDING-SP ADR	331	95,600,515	8.31%
14	NYSE FANG+ F2012	1	36,415,316	3.17%

FANG 종목의 투자수익률

투자자가 이 종목을 매수했더라면 기간별 수익률은 어느 정도였을까? (도표 1-18)에서 과거의 기간별 투자수익률을 알 수 있다.

이 종목이 처음 상장된 시점(2019년 1월)에 매수하여 현재까지 보유하고 있다면, 투자수익률이 153%를 기록했다. 그 당시 1,000만 원을 투자했더라면 원금이 2,530만 원으로 늘었다는 뜻이다. 실제로 같은 기간의 나스닥지수는 80% 상승했고, 이 종목의 기초지수인 '뉴욕증권거래소 팽플러스지수(NYSE FANG+)'는 그보다 2배 높은 169% 상승했다. 나스닥시장의 시가총액 상위 대형주(특히 테슬라와 아마존)의 주가 상승률이 전체 종목들의 상승률보다 현저하게 높았다는 의미다.

(도표 1-18) KODEX 미국 FANG플러스 (종목코드 : 314250)

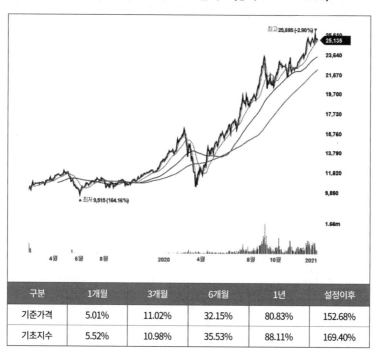

구분	1개월	3개월	6개월	1년	설정이후
기준가격	5.01%	11.02%	32.15%	80.83%	152.68%
기초지수	5.52%	10.98%	35.53%	88.11%	169.40%

나스닥지수에 정비례하는 종목

↗

국내 주식시장에서 거래되는 나스닥지수 및 FANG지수에 1배 정비례하는 종목의 주요 내용을 (도표 1-19)에 정리했으니, 투자에 참고하기 바란다.

(도표 1-19) 나스닥지수에 정비례하는 종목

종목명	종목코드	수수료율	상장주식수(천주)	거래량(주)
KODEX 미국나스닥100 선물(H)	304940	0.450%	2,000	39,548
TIGER 미국나스닥100	133690	0.070%	9,700	188,061
KODEX 미국 FANG 플러스(H)	314250	0.450%	12,950	485,202

(주1) KODEX는 삼성자산운용에서 만든 ETF의 브랜드 이름으로 한국지수(Korea Index)의 약자임

(주2) TIGER는 미래에셋자산운용에서 만든 ETF의 브랜드 이름으로 총투자 총지분수익(Total Investment Gross Equity Return)의 약자임

(주3) 종목명 마지막에 표시된 (H)는 헤지(Hedge)의 약자로서, 선물환 등을 통해 환율이 변동하더라도 투자 수익에 영향을 미치지 않는다는 뜻임

05
나스닥지수에 정비례 및
반비례하는 종목

앞에서 나스닥지수를 1배 정비례하는 ETF 종목을 살펴봤다. 그런데 상장지수채권(ETN, Exchange Traded Note)까지 범위를 확대해 보면, 국내 주식시장에서 나스닥지수에 정비례 및 반비례하는 다음 4가지 종목이 거래되고 있다(도표 1-20~도표 1-23 참조).

공격적 투자자를 위한 레버리지 종목

다음의 두 차트를 비교해 보면서 1배 정비례 및 레버리지 종목에 대해 알아본다. (도표 1-20)은 나스닥지수에 1배 정비례하는 종목으로, 2020년 8월에 상장되었다. 한편 (도표 1-21)은 나스닥지수에 2배 정비례하는 종목으로, 정비례종목보다 1년 정도 앞선 2019년 7월부터 거래되기 시작했다.

다음의 두 차트는 대상 기간이 달라서, 그 모양새가 서로 일치하지는 않는다. 하지만 비교 대상 기간을 (2020년 8월부터 2021년 1월까지로) 맞추다 보면, 그 진폭을 제외하고는 거의 비슷한 모습을 보인다.

먼저, 1배 정비례 종목의 주가는 최고점인 11,165원에서 최저점인 9,470원으로 내려감으로써 (-)15%의 손실을 보았다. 반면에 레버리지 종목은 주가 최고점인 21,575원에서 최저점인 16,000원까지 내려 (-)25%의 손실을 기록했다.

(도표 1-20) TRUE 나스닥 100 ETN (종목코드 : 570051)

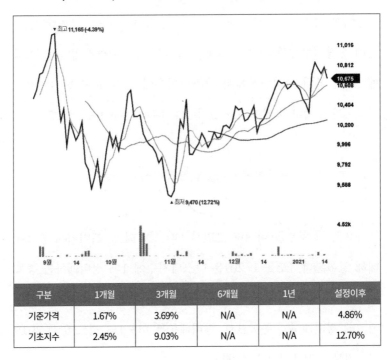

구분	1개월	3개월	6개월	1년	설정이후
기준가격	1.67%	3.69%	N/A	N/A	4.86%
기초지수	2.45%	9.03%	N/A	N/A	12.70%

(도표 1-21) TRUE 레버리지 나스닥 100 ETN (종목코드 : 570043)

구분	1개월	3개월	6개월	1년	설정이후
기준가격	2.91%	11.27%	30.18%	63.80%	106.08%
기초지수	0.69%	15.76%	41.04%	71.27%	125.11%

원래, 레버리지 종목의 수익률(손실률)은 1배 정비례 종목의 수익률(손실률) 대비 2배 수준을 유지해야 한다. 다시 말해, 이 사례에서처럼 1배 정비례 종목의 투자 손실이 (-)15%라면, 레버리지 종목은 그 2배인 (-)30%의 손실을 봐야 한다. 하지만 이 사례에서는 실제로 (-)25%의 손실을 기록했다. 기간 수익률의 편차, 수익률의 복리효과, 시장의 불완전성 등 여러 요인이 작용하기 때문이다.

여하튼, 나스닥지수가 5% 상승하면 1배 정비례 종목은 같은 비율만큼 상승하고 레버리지 종목의 주가는 그 2배인 10% 상승한다. 반면에, 나스닥지수가 5% 하락하면 1배 정비례 종목은 5% 하락하지만, 레버리지 종목의 주가는 그 2배인 10% 내외로 하락한다.

공격적 투자자를 위한 더블인버스 종목

이번에는 나스닥지수가 하락해야 이익이 나는 종목을 알아본다. 이들 종목의 이름에는 반비례한다는 뜻의 '인버스(inverse)'라는 명칭이 붙는다. 특히 공격적 투자자를 위해 2배 인버스 종목('더블인버스' 혹은 '곱버스'라고 칭함)도 있다.

(도표 1-22) TRUE 인버스 나스닥 100 ETN (종목코드 : 570042)

구분	1개월	3개월	6개월	1년	설정이후
기준가격	-0.80%	-12.81%	-27.96%	-42.15%	-50.60%
기초지수	-0.65%	-8.69%	-19.80%	-37.82%	-46.22%

(도표 1-23) TRUE 인버스 2X 나스닥 100 ETN (종목코드 : 570044)

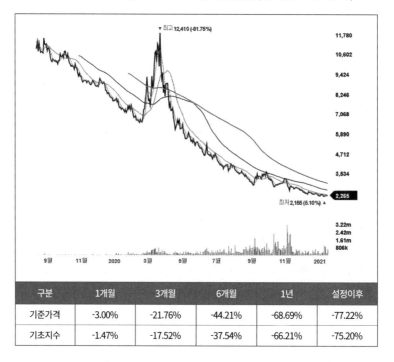

구분	1개월	3개월	6개월	1년	설정이후
기준가격	-3.00%	-21.76%	-44.21%	-68.69%	-77.22%
기초지수	-1.47%	-17.52%	-37.54%	-66.21%	-75.20%

위의 두 차트를 비교해 보면서 1배 반비례 및 더블인버스 종목에 대해 알아본다. 우선 (도표 1-22)는 나스닥지수에 1배 반비례하여 움직이는 종목이다. (도표 1-23)은 같은 기간에 더블인버스 종목의 그래프이다. 애초에 서로 일치하도록 종목을 설계했기에, 두 차트의 모양새는 그 진폭만을 제외하고는 똑같다.

그러면 두 차트의 주된 차이점인 주가의 진폭에 관해 알아보자. 이 사례에서 1배 반비례 종목의 주가 최고점은 12,130원에서 최저점인 4,765원까지 하락했다. 만약, 주가 최고점에서 매수하여 최저점에서 매도했다면 (-)60%의 손실을 보게 된다. 반대로 주가 최저점에서 매수하여 최고점에서 매도한다면 (+)155%의 수익률을 기록할 수 있다.

한편, 같은 기간 더블인버스 종목의 주가 최고점은 12,410원이고 주가 최저점은 2,155원이다. 만약, 최고점에서 매수하여 최저점에서 매도했다면 불행스럽게도 (−)83%의 손실을, 그 반대의 상황이라면 다행스럽게도 (+)476%의 수익률을 얻게 된다.

원래 더블인버스 종목의 수익률(손실률)은 1배 반비례 종목의 수익률(손실률) 대비 2배 내외를 기록해야 한다. 다시 말해, 이 사례에서처럼, 1배 반비례 종목의 손실률이 (−)60%라면, 더블인버스 종목은 그 2배인 (−)120%의 손실을 봐야 하는데, 실제 손실률은 (−)83%로 큰 차이가 나고 있다. 그 이유로는 기간 수익률의 편차, 수익률의 복리 효과, 주식시장의 불완전성 등의 여러 요인이 작용했기 때문이다. 어찌 되었든, 주가지수가 계속 내림세를 보일 때, 더블인버스 종목을 장기 보유한다는 것은 큰 손실을 보는 잘못된 투자 방법이라는 사실만 명심하라!

여하튼, 나스닥지수가 5% 하락해야 1배 반비례 종목의 주가는 그 비율만큼 상승하고, 더블인버스 종목의 주가는 그 2배인 10% 상승한다. 반면에 주가 예측에 실패하여 기초지수가 상승하는데도 불구하고 인버스나 더블인버스 종목을 장기 보유하게 되면 큰 손실을 볼 수 있다.

나스닥지수에 비례하는 종목

↗

국내 주식시장에서 거래되는 나스닥지수에 정비례 및 반비례하는 종목을 (도표 1-24)에 정리했으니, 투자에 참고하기 바란다.

특기할 사항으로, 나스닥지수가 상승세일 때에는 정비례 종목이, 하락세일 때에는 반비례 종목의 거래량이 급격하게 늘어난다. 그리고 1배 정비례(반비례 포함)하는 종목들의 거래량보다 레버리지(더블인버스 포함)의 거래량이 압도적으로 많은 것으로 보아, 국내 투자자들의 투자 성향이 매우 공격적이라는 사실을 엿볼 수 있다.

(도표 1-24) 나스닥지수에 비례하는 종목

종목명	종목코드	수수료율	상장주식수(천주)	거래량(주)
TRUE 나스닥 100 ETN	570051	0.850%	5,000	170
TRUE 레버리지 나스닥 100 ETN	570043	1.180%	5,000	21,868
TRUE 인버스 나스닥 100 ETN	570042	0.920%	1,000	6,659
TRUE 인버스 2X 나스닥 100 ETN	570044	0.870%	30,000	435,791

(주1) TRUE는 한국투자증권의 파생결합증권상품(ELS(DLS), ELW, ETN 등) 및 서비스 전반을 아우르는 통합 Brand임
(주2) 종목명 마지막에 (H) 표시가 없어 환율 변동에 대해 헤지(Hedge)를 하지 않아, 원/달러 환율이 상승하면 환차익을 원/달러 환율이 하락하면 환손실을 보게 됨

06
S&P500지수에
정비례하는 종목

안정적 투자자를 위한 1배 정비례 종목

미국 주식시장에서 다우지수는 역사가 오래된 주가지수로, 우량 대기업 30개사의 평균주가를 활용하여 산정한다. 한편, 나스닥지수는 나스닥시장에 상장된 벤처기업 3,000여개사의 시가총액을 갖고 주가지수를 측정한다. 따라서 다우지수가 '안정성'이 돋보인다면, 나스닥지수는 '성장성'이 주된 특징이라 할 수 있다.

이 두 주가지수의 두드러진 점인 안정성과 성장성을 동시에 갖춘 주가지수가 바로 'S&P500(Standard and Poors 500)지수'이다. S&P500지수에 투자할 때에도 반드시 선택이 요구된다. 향후 S&P500지수가 상승할 것으로 전망되면 정비례 종목에, 반대로 하락할 것이라면 반비례 종목을 매수해야 하기 때문이다.

우선, 다음 두 차트를 비교해 보면서 정비례 종목에 대해 살펴본다. (도표 1-25)는 과거 10년간의 S&P500지수의 추세도이다. 앞서 살펴본 다우지수 및 나스닥지수와 마찬가지로 꾸준히 우상향하고 있다. 과거 주가지수의 최저점인 1,099포인트(2011년 10월)에서 출발하여 최고점 3,824포인트(2021년 1월)까지 상승했다. 과거 10년간 투자 원금이 무려 3.5배(투자수익률 248%)로 불어났다. 단

(도표 1-25) S&P500지수 : 10년간 주가지수 추세

(도표 1-26) TIGER 미국 S&P500 선물(H) (종목코드 : 143850)

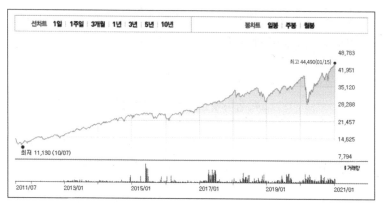

순평균으로 따져도 연수익률이 25%로, 같은 기간 다우지수 상승률 (18%)과 나스닥지수 상승률(44%)의 중간값에 해당한다.

한편 (도표 1-26)은 같은 기간 특정 종목의 주가 그래프이다. 과거 10년간의 주가 변동을 서로 비교한 이유는 이 종목이 2011년 7월에 최초로 상장되었기 때문이다. 언뜻 보아도 두 차트의 모양새가 매우 흡사해 보이는데, 당초 일치하도록 설계했기 때문이다.

(도표 1-26)에서 이 종목의 주가를 살펴보면, 최저점 11,130원에서 출발하여 최고점 44,490원까지 상승함으로써, 투자 원금이 무려 4배(투자수익률 300%) 수준으로 불어났다. 원래 S&P500지수의 상승률인 237%와 이 ETF 종목의 투자수익률인 300%는 서로 일치해야 하는데, 차이가 나고 있다. 다만, 10년이라는 투자 기간을 고려할 때, 거의 유사한 수준이라 할 수 있다.

여하튼 S&P500지수가 5% 상승하면 1배 정비례 종목의 주가는 같은 비율인 5%만큼 상승하고, 반대로 기초지수가 5% 하락하면 당연히 5% 내려간다. 향후 S&P500지수가 상승할 것으로 전망하면 이 종목을 매수하자. 매수 후 기초지수가 많이 올라가서 하락 반전할 것으로 예상하면 매도하여 이익을 확정하라.

1배 정비례 종목의 투자수익률

만약, 투자자가 이 종목에 투자했더라면 기간별 수익률은 어느 정도일까? (도표 1-27)에서 과거의 투자수익률을 알 수 있다. 기준가격은 주식시장에서 형성되는 주가의 기준 금액을, 기초지수는 이 종목이 추종하는 주가지수(여기서는 S&P500지수)를 말한다.

이 종목이 처음 거래된 2011년 7월에 매수하여 현재까지 보유한다면 수익률이 229%로 나타났다. 그 당시 1,000만 원을 투자했더라면 원금이 3배 수준인 3,290만 원으로 늘었다는 뜻이다. 실제 같은 기간의 S&P500지수는 218% 상승했다.

(도표 1-27) TIGER 미국 S&P500 선물(H) (종목코드 : 143850)

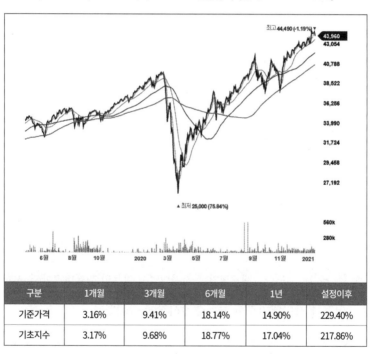

구분	1개월	3개월	6개월	1년	설정이후
기준가격	3.16%	9.41%	18.14%	14.90%	229.40%
기초지수	3.17%	9.68%	18.77%	17.04%	217.86%

1배 정비례 종목의 구성 명세

↗

   S&P500지수는 세계 3대 신용평가기관에 해당하는 스탠다드앤
푸어스(Standard&Poor's)가 뉴욕증권거래소(NYSE)와 나스닥시장
에 상장된 전체 6,000여 종목 중에서 엄선된 500개 회사의 시가총
액을 활용하여 산정한다.

   보통 S&P500지수를 추종하는 ETF는 다음 2가지 중 하나의 방
식으로 설계한다.

   첫째, 현물 주식을 매수하여 편입하는 방식이다. 다시 말해,
S&P500지수에 포함된 500개 전체 종목을 시가총액 비중에 맞춰
모두 매수하여 운용한다. (도표 1-28)은 S&P500지수에 포함된
500개 종목 중에서 (지면 관계상으로) 시가총액 상위 30개 회사만
예시한 것이다.

   시가총액을 기준으로 1위(애플), 2위(마이크로소프트), 3위(아마
존), 4위(페이스북), 5위(알파벳 구글) 등이 모두 나스닥시장에 상장
된 회사이다. 7위는 (세계적인 투자자이면서 갑부인 워렌버핏이 운용하
는) 버크셔 하더웨이로서 뉴욕증권시장에 속해있다.

   S&P500지수에 편입된 종목의 업종별 시가총액 비중은 (도표
1-29)와 같다. 정보기술(21.94%), 산업(11.74%), 헬스케어(10.93),
임의소비재(9.13%) 등으로 투자 비중이 높고, 이들 4개 섹터가 절
반 이상의 비중을 차지한 상태이다.

(도표 1-28) S&P500의 구성 명세

No	종목명	수량(주)	평가금액(원)	비중(%)
1	Apple Inc	456	61,249,122	6.07
2	Microsoft Corp	214	49,774,338	4.93
3	Amazon.com Inc	12	41,132,318	4.08
4	Facebook Inc	68	21,077,860	2.09
5	Alphabet Inc	8	15,798,908	1.57
6	Alphabet Inc	8	15,777,634	1.56
7	Berkshire Hathaway Inc	56	13,933,757	1.38
8	Johnson & Johnson	74	11,965,210	1.19
9	JPMorgan Chase & Co	86	11,376,815	1.13
10	Visa Inc	47	10,848,084	1.07
11	Procter & Gamble Co	70	10,460,651	1.04
12	The NVIDIA Corp	17	10,042,761	1.00
13	UnitedHealth Group Inc	26	9,816,748	0.97
14	Mastercard Inc	25	9,251,949	0.92
15	Home Depot Inc	30	8,552,083	0.85
16	The Walt Disney Co	51	8,507,017	0.84
17	The Verizon Communications Inc	117	7,790,946	0.77
18	PayPal Holdings Inc	33	7,805,860	0.77
19	Comcast Corp	129	7,271,062	0.72
20	Pfizer Inc	157	7,029,321	0.7
21	Adobe Inc	13	6,945,745	0.69
22	Bank of America Corp	216	6,820,045	0.68
23	Netflix Inc	12	6,717,931	0.67
24	Intel Corp	120	6,538,449	0.65
25	AT&T Inc	202	6,498,593	0.64
26	Merck & Co Inc	71	6,358,501	0.63
27	Walmart Inc	39	6,269,585	0.62
28	Coca-Cola Co	109	6,269,172	0.62
29	The salesforce.com Inc	25	6,178,639	0.61
30	PepsiCo Inc	39	6,153,599	0.61

(도표 1-29) S&P500지수의 업종(섹터)별 비중

업종비중

업종(섹터)	비중(%)
정보기술	21.94
산업	11.74
헬스케어	10.93
임의소비재	9.13
커뮤니케이션 서비스	8.90
금융	8.50
기타	7.55
필수소비재	5.44
유틸리티	2.36
소재	2.19

상위10종목

종목명	업종	비중(%)
Apple Inc	정보기술	7.13
Microsoft Corp	정보기술	6.1
Amazon.com Inc	임의소비재	5.34
Facebook Inc	커뮤니케이션 서비스	4.97
Alphabet Inc	커뮤니케이션 서비스	4.95
Alphabet Inc	커뮤니케이션 서비스	4.64
Berkshire Hathaway Inc	금융	4.44
Johnson & Johnson	헬스케어	4.26
JPMorgan Chase & Co	금융	3.76
Visa Inc	금융	3.67

(도표 1-30) TIGER 미국 S&P500 선물(H)의 구성 명세

No	종목명	수량(주)	평가금액(원)	비중(%)
1	S&P500 EMINI FUT MAR 2021	5.08	1,060,834,896	95.72
2	iShares Core S&P 500 ETF	66.67	27,902,307	2.52
3	SPDR S&P 500 ETF Trust	57.78	24,094,804	2.17
4	원화예금		1,056,328,787	95.31
5	미달러선물21년01월물	-10.5	-115,500,000	-10.42

(주1) S&P500 EMINI FUT MAR 2021는 2021년 3월에 만기가 도래하는 주가지수 선물을 매수한 상태이고, 담보금을 제공하고 남은 금액은 금융기관에 예금으로 예치한 상태임

(주2) SPDR S&P 500 ETF Trust는 미국의 자산운용회사인 state street Global Advisors에서 1993년 1월에 출시한, S&P500지수를 추종하는 세계에서 가장 규모가 큰 상장지수펀드임

(주3) iShares Core S&P 500 ETF는 미국의 자산운용회사인 Blackrock에서 2000년 5월에 출시한, S&P500 지수를 추종하는 거래량이 돋보이는 상장지수펀드임

둘째, 현물 주식과 주가지수 선물을 합성하는 방식이다. 이러한 합성 방식에 따라 S&P500지수를 추종하는 종목에 편입된 구성 명세는 (도표 1-30)과 같다. 그 내용을 검토해보면, 주가지수 선물 종목을 매수하면서, 동시에 미국계 투자은행이 설계하여 운용하고 있는 2개 종목(SPDR S&P 500 ETF Trust와, iShares Core S&P500 ETF)을 매수하는 방식으로 운용 중이다.

S&P500지수에 1배 정비례하는 종목

국내 주식시장에서 S&P500지수에 1배 정비례하는 종목을 (도표 1-31)에 정리했으니, 투자에 참고하기 바란다.

(도표 1-31) S&P500지수에 1배 정비례하는 종목

종목명	종목코드	수수료율	상장주식수(천주)	거래량(주)
TIGER 미국S&P500선물(H)	143850	0.300%	3,300	58,104
KINDEX 미국S&P500	360200	0.070%	8,700	178,445
KODEX 미국S&P500선물(H)	219480	0.250%	5,750	58,537
TIGER 미국S&P500	360750	0.070%	11,100	444,194
ARIRANG 미국S&P500(H)	269540	0.300%	2,000	16,944
TRUE S&P500 선물 ETN	570050	0.850%	5,000	36

(주1) TIGER는 미래에셋자산운용에서 만든 ETF의 브랜드 이름으로 총투자 총지분수익(Total Investment Gross Equity Return)의 약자임

(주2) KINDEX는 한국투자신탁운용에서 만든 ETF의 브랜드 이름으로 한국투자지수(Korea Investment Index)의 약자임

(주3) KODEX는 삼성자산운용에서 만든 ETF의 브랜드 이름으로 한국지수(Korea Index)의 약자임

(주4) ARIRANG은 한화자산운용에서 만든 ETF의 브랜드 이름임

(주5) TRUE는 한국투자증권에서 만들어 운용하는 ETN 종목임

(주6) 종목명 마지막에 표시된 (H)는 헤지(Hedge)의 약자로서, 선물환 등을 통해 환율이 변동하더라도 투자 수익에 영향을 미치지 않는다는 뜻임

참고로 투자 종목을 선택할 때 고려할 사항을 정리하면 다음과 같다.

첫째, 종목명 마지막에 (H)가 붙은 것은 환율 변동에 대한 위험이 헤지(Hedge)되었다는 의미다. 이 종목에 투자할 경우 원/달러 환율이 변동하더라도 투자수익에 영향을 받지 않는다. 반면에 종목명에 (H) 표시가 없으면 주가뿐만 아니라 환율의 변동에 따라 수익률이 상이해진다.

둘째, 주가지수의 변동을 정확하게 추종해야만 투자하기 좋은 종목에 해당한다. 따라서 되도록 거래량이 많은 종목을 골라 투자한다. 또한 투자비용을 줄이려면 수수료율이 낮은 종목을 고르는 편이 더 유리하다.

07
S&P500지수에
2배 정비례하는 종목

공격적 투자자를 위한 레버리지 종목

다음의 두 차트를 비교해 보면서 레버리지 종목에 대해 알아본다. (도표 1-32)는 앞 절에 나온 S&P500지수에 1배 정비례하는 종목의 주가 그래프고, (도표 1-33)은 레버리지 종목의 주가 차트이다. 당초 서로 일치하도록 종목을 설계했기에, 두 차트의 모양새는 (그 진폭만을 제외하고) 거의 유사하다.

두 차트의 차이점인 주가의 진폭에 관해 살펴보자. 우선 1배 정비례 종목의 주가 최저점은 25,000원이고, 최고점은 44,490원이다. 만약 최저점에서 매수하여 최고점에서 매도했다면 (+)78%의 투자 수익률을 얻게 된다. 반면에 레버리지 종목의 주가 최저점은 8,890원이고 주가 최고점은 25,435원이다. 만약, 주가 최저점에서 매수하여 최고점에서 매도한다면 (+)186%의 투자 이익을 실현하게 된다.

원래 레버리지 종목의 수익률(손실률)은 1배 정비례 종목의 수익률(손실률) 대비 2배를 유지해야 한다. 예를 들어, 1배 정비례 종목의 수익률이 위에서와 같이 (+)78%라면, 레버리지 종목은 2배인 (+)156%의 수익률을 기록해야 한다. 하지만 이 사례에서는 (+)186%로 큰 차이가 나고 있다. 기간 수익률의 편차, 복리 효과, 주식시장의 불완전성 등 여러 요인이 복합적으로 작용했기 때문이다. 여하튼, 레버리지 종목의 주가는 기초지수 상승률의 2배 내외에서 등락하는 것이 원칙이다.

(도표 1-32) TIGER 미국 S&P500 선물(H) (종목코드 : 143850)

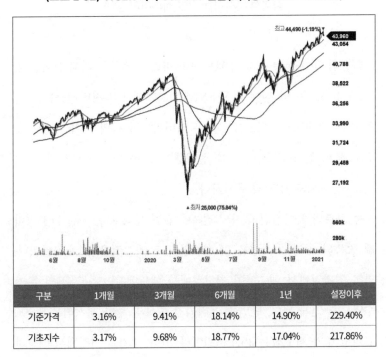

구분	1개월	3개월	6개월	1년	설정이후
기준가격	3.16%	9.41%	18.14%	14.90%	229.40%
기초지수	3.17%	9.68%	18.77%	17.04%	217.86%

구분	1개월	3개월	6개월	1년	설정이후
기준가격	6.20%	18.47%	36.45%	20.04%	152.35%
기초지수	3.12%	9.37%	18.08%	15.83%	83.20%

향후 S&P500지수가 상승할 것으로 확신하고, 그 상승률의 2배 수익률을 추구한다면, 이 레버리지 종목을 매수하라. 그 후 기초지수가 원하는 만큼 상승했기에 하락할 것으로 보이면, 즉각 매도하여 투자 이익을 실현하기 바란다. 하지만, 애초 전망과는 달리 하락 추세를 보이면 그 즉시 손절매하기 바란다.

2배 정비례 종목의 구성 명세

원래 1배 정비례 종목은 투자금액을 S&P500지수를 이루는 500

개 종목을 시가총액 비중에 따라 매수하거나, 혹은 주가지수 선물을 매수하는 방식으로 운용한다. 그러면 레버리지 종목은 어떻게 설계하기에 2배의 수익률을 얻을 수 있을까?

일단, 레버리지 ETF의 구성 명세를 살펴보면 (도표 1-34)와 같다. 기본적인 설계 원리는 아주 간단하다. 투자자금 중 절반은 기초지수를 1배 정비례하는 국내외 종목(TIGER 미국S&P500선물과 SPDR S&P500 ETF)을 매수한다.

(도표 1-34) TIGER 미국S&P500레버리지(합성 H)의 구성 명세

No	종목명	수량(주)	평가금액(원)	비중(%)
1	스왑(한국투자증권)_490161		491,777,482.08	19.5
2	TIGER 미국S&P500선물(H)	8,876	394,360,680	15.63
3	스왑(메리츠증권)_490161		113,256,293.24	4.49
4	스왑(미래에셋대우)_490161		75,248,183.62	2.98
5	SPDR S&P 500 ETF TRUST	108	45,037,017.36	1.79
6	원화현금	1	1,402,857,636	55.61

나머지 절반의 자금은 증권회사(이 사례에서는 한국투자증권, 메리츠증권, 미래에셋대우증권 등)에 스왑으로 위탁하여 운용한다. 다시 말해, 현재 시점에 약정된 투자금액을 이들 증권회사에 맡기고 나서, 계약 기간이 만료되는 시점에 위탁한 투자 원금에 기초지수가 상승하면 2배의 투자수익 (반면에 기초지수가 하락하면 2배의 투자 손실)을 가산(차감)하여 되돌려 받는 자금 운용 방식이 바로 스왑거래이다.

S&P500지수에 2배 정비례하는 종목

국내 주식시장에서 S&P500지수에 2배 정비례하는 종목을 정리했으니, 투자에 참고하기 바란다. 특히 거래량이 많으면서 수수료율이 낮은 종목을 고르는 것이 좋다.

(도표 1-35) S&P500지수에 2배 정비례하는 종목

종목명	종목코드	수수료율	상장주식수(천주)	거래량(주)
TIGER 미국S&P500 레버리지(합성 H)	225040	0.590%	4,400	21,837
미래에셋 레버리지 S&P500 ETN(H)	590010	0.900%	2,000	66
TRUE 레버리지 S&P500 선물 ETN(H)	570022	0.890%	5,000	5,648
신한 레버리지 S&P500 선물 ETN	500050	0.800%	2,000	435

(주1) 종목명 마지막에 표시된 (H)는 헤지(Hedge)의 약자로서, 선물환 등을 통해 환율이 변동하더라도 투자 수익에 영향을 미치지 않는다는 뜻임

08
S&P500지수에
반비례하는 종목

안정적 투자자를 위한 1배 반비례 종목

이번에는 S&P500지수가 하락해야 이익을 내는 종목을 알아본다. 이들 종목명에는 반비례하는 뜻으로 '인버스(inverse)'라는 명칭이 붙기에, 찾기에 그리 어렵지 않을 것이다.

(도표 1-36)과 (도표 1-37)을 비교해 보면서 인버스 종목에 대해 살펴본다. 언뜻 보아도 두 차트의 모양새가 위아래로 뒤집혀 있다. 실제로 두 차트는 서로 반비례하고 있다. 당초 인버스 종목이 기초지수인 S&P500지수와 위아래가 뒤집히도록 설계되었기 때문이다.

(도표 1-36)은 과거 5년간의 S&P500지수의 주가 그래프이다. 그동안 지속적으로 우상향하면서, 주가지수 최저점인 1,829포인트

(2016년 2월)에서 최고점 3,824포인트(2021년 1월)까지 상승했다. 과거 5년간 투자 원금이 무려 2배(투자수익률 109%)로 불어난 상황이다. 이와는 정반대로 최고점에서 최저점까지 하락했다고 가정하면, 주가지수는 (-)52% 내려간 것이 된다.

한편 (도표 1-37)은 같은 기간 인버스 종목의 주가 차트이다. 5년 동안 주가 변동을 비교하는 이유는 이 종목이 2015년 7월에 처

(도표 1-36) S&P500지수 : 5년간 주가지수 추세

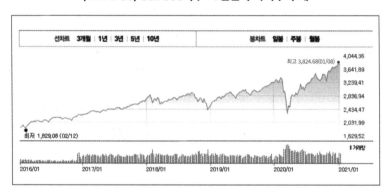

(도표 1-37) TIGER 미국S&P500선물 인버스(H) (종목코드 : 225030)

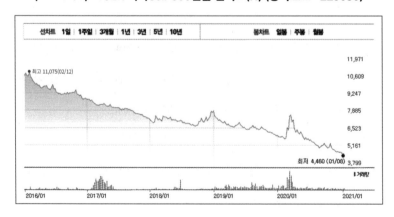

음 상장되었기 때문이다. 주가의 최고점 11,075원에서 계속 우하향하면서 최저점 4,460원까지 하락했다. 투자 원금이 40% 수준으로 줄어들면서, 투자손실률이 (-)60%가 되었다.

이론적으로, S&P500지수의 하락률 (-)52%와 1배 인버스 종목의 손실률 (-)60%는 서로 일치해야 하는데도 불구하고, 약간의 차이가 나고 있다. 하지만 투자 대상 기간이 5년이라는 점을 고려하면 거의 비슷한 수치라 할 수 있다.

여하튼, 기초지수가 하락해야만 인버스 종목의 주가는 같은 비율만큼 상승한다. 반대로 기초지수가 상승하면 당연히 인버스 종목의 주가는 같은 비율만큼 하락한다. 향후 S&P500지수가 하락할 것으로 전망되면 이 인버스 종목을 매수하라. 그 후 기초지수가 충분히 하락함으로써 앞으로 상승할 것으로 전망되면 매도하여 이익을 확정하라.

1배 반비례 종목의 투자수익률

만약 투자자가 인버스 종목에 투자했더라면 과거의 기간별 수익률은 어느 정도일까? 이 종목이 처음 거래된 시점(2015년 7월)에 매수하여 현재까지 보유했다면, 이익은커녕 (-)55.24%의 손실을 기록했다. 당시 1,000만 원을 투자했다면 원금이 절반 이상 줄어든 450만 원이 되었다는 뜻이다. 같은 기간에 S&P500지수가 99.53%만큼 상승했기에 나타난 결과다(도표 1-38 참조).

(도표 1-38) TIGER 미국S&P500선물 인버스(H) (종목코드 : 225030)

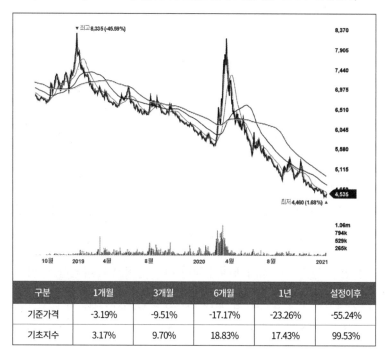

구분	1개월	3개월	6개월	1년	설정이후
기준가격	-3.19%	-9.51%	-17.17%	-23.26%	-55.24%
기초지수	3.17%	9.70%	18.83%	17.43%	99.53%

특히 투자 기간이 짧을수록 기초지수의 등락률과 인버스 종목의 주가 등락률이 반비례하는 데 반해, 투자 기간이 길어질수록 반비례하는 양상이 점차로 줄어들고 있다.

1배 반비례 종목의 구성 명세

인버스 종목은 어떻게 설계했기에 기초지수와 반비례할까? 이 종목이 보유하고 있는 구성 명세를 예시하면 (도표 1-39)와 같다.

(도표 1-39) TIGER 미국S&P500선물 인버스(H)의 구성 명세

No	종목명	수량(주)	평가금액(원)	비중(%)
1	ProShares Short S&P500	1,111	21,555,244	9.63
2	원화예금		202,251,613	90.37
3	미달러선물21년01월물	-3.5	-38,500,000	-17.2
4	S&P500 EMINI FUT MAR 2021	-0.96	-200,472,840	-89.57

첫째, 구성 명세 중에서 'ProShares Short S&P500'가 눈에 띈다. 원래 정비례 종목(ProShares S&P500)은 기초지수가 상승하면 주가가 1배 정비례하는 종목인데, 여기에 매도(Short)라는 단어가 추가되면 주가지수가 하락해야 수익이 나는 종목으로 바뀐다. 이러한 투자 기법을 전문용어로 공매도(空賣渡) 혹은 대주(貸株)라고 한다.

공매도를 제대로 이해하기 위해 가상의 사례를 예시해 본다. 현재 삼성전자의 주가가 90,000원인데, 향후 (반도체 가격 하락 등 시장 상황의 악화로 인한 저조한 실적이 기대되면서) 주가가 하락할 것으로 예측된다고 가정하자. 이때에는 보유하고 있는 삼성전자 주식을 매도하는 것이 손실을 줄이는 방법이다.

그런데 주가 하락을 활용하여 이익을 낼 방법이 있다. 공매도나 대주가 바로 그 수단이 된다. 먼저 증권사로부터 삼성전자 주식을 빌려서 현재 주가인 90,000원에 매도한다. 그 후 실제 주가가 70,000원으로 하락하면, 주식을 매수하여 증권사에 반납한다. 이러한 공매도 거래에 따라 주가가 하락하더라도 20,000원의 차익을 얻을 수 있다.

한편, 당초 전망과는 달리 삼성전자의 주가가 100,000원으로 상승하면 어떻게 해야 할까? 당연히 100,000원에 매수하여 증권사에 반납해야 하므로 10,000원의 손실을 볼 수밖에 없다. 일방적으로 이익만 챙기는 투자는 이 세상에 존재하지 않는다.

둘째, 구성 명세 중에 'S&P500 EMINI FUT MAR 2021'과 원화예금 등이 들어있다. 선물거래소에서 S&P500 주가지수 선물 상품(2021년 3월물)을 매도했다는 뜻이다. 원래 주가지수 선물을 매도하면 기초지수가 하락해야 이익을 낼 수 있기 때문이다. 그리고 주가지수 선물거래에 대한 담보금 등으로 금융기관에 해당 금액만큼 예금으로 예치한 상황이다.

S&P500지수에 반비례하는 종목

국내 주식시장에서 S&P500지수에 1배 반비례하는 인버스 종목을 (도표 1-40)에 정리했으니, 투자에 참고하기 바란다.

(도표 1-40) S&P500지수에 1배 반비례하는 종목

종목명	종목코드	수수료율	상장주식수(천주)	거래량(주)
TIGER 미국S&P500선물 인버스(H)	225030	0.590%	2,250	43,946
미래에셋 인버스 S&P500 ETN(H)	590011	0.900%	2,000	723

09
S&P500에
2배 반비례하는 종목

공격적 투자자를 위한 더블인버스 종목

이번에는 공격적 투자자를 위해 2배 반비례 종목을 살펴본다. 이는 속칭 '더블인버스' 혹은 '곱버스'라고 부른다. 더블인버스 종목은 인버스 종목과 모든 측면에서 거의 유사하다. 다만, 기초지수가 5% 하락하면 더블인버스 종목의 주가는 2배인 10% 상승한다는 차이점만 있다. 반대로 기초지수가 상승하면 더블인버스 종목의 주가는 2배만큼 하락한다. 수익률도 두 배, 위험도 두 배라는 점에서 공격적 투자자가 선호할 만한 종목이다.

(도표 1-41)과 (도표 1-42)를 비교해 보면서 더블인버스에 관해 알아보자. (도표 1-41)은 앞에 나온 인버스 종목의 주가 그래프이고, (도표 1-42)는 더블인버스 종목의 주가 차트이다. 서로 일치하

는 방향으로 두 종목을 설계했기 때문에, 두 그래프는 주가의 진폭만을 제외하고 모습이 거의 유사하다. 그 차이점인 주가 진폭에 대해 알아보자. 1배 인버스 종목의 주가 최고점은 8,335원이고 최저점은 4,460원이다. 만약 최고점에서 매수하여 최저점에서 매도한다면 투자 손실은 (-)46%가 된다. 반대로 주가 최저점에서 매수하여 최고점에서 매도한다면 (+)87%의 이익을 얻는다.

한편, 같은 기간 더블인버스의 주가 최고점은 11,460원이고 최저점은 2,855원이다. 최고점에서 매수하여 최저점에서 매도했다면 (-)75%의 손실을, 반대의 상황이라면 (+)300%의 이익을 얻는다.

(도표 1-41) TIGER 미국S&P500선물 인버스(H) (종목코드 : 225030)

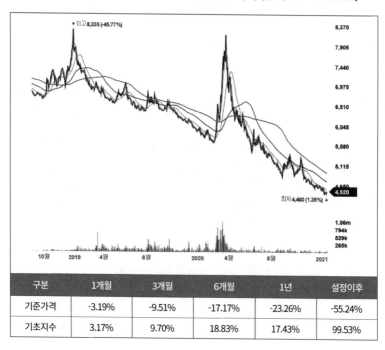

구분	1개월	3개월	6개월	1년	설정이후
기준가격	-3.19%	-9.51%	-17.17%	-23.26%	-55.24%
기초지수	3.17%	9.70%	18.83%	17.43%	99.53%

(도표 1-42) TRUE 인버스 2X S&P500 선물 ETN(H) (종목코드 : 570023)

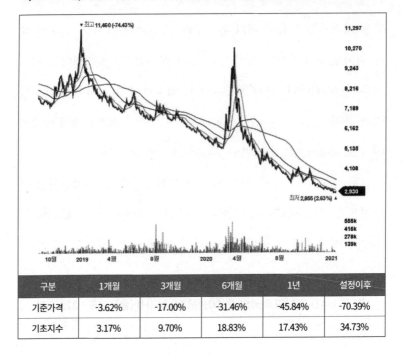

구분	1개월	3개월	6개월	1년	설정이후
기준가격	-3.62%	-17.00%	-31.46%	-45.84%	-70.39%
기초지수	3.17%	9.70%	18.83%	17.43%	34.73%

    원래 더블인버스 종목은 인버스 종목의 수익률 대비 2배 내외를 기록해야 한다. 이 사례에서와 같이 인버스의 손실이 (-)46%라면, 더블인버스는 그 2배인 (-)92%가 되어야 하는데, 이보다 낮은 (-)75%를 기록했다. 주된 차이 원인으로는 기간 수익률의 차이, 복리 효과, 주식시장의 불완전성 등에 따라 편차가 발생한 것이다.

더블인버스 종목의 투자수익률

    (도표 1-41)과 (도표 1-42)의 기간별 수익률을 비교해 보면, 투

자 기간이 짧을수록 더블인버스의 등락률이 인버스 등락률의 2배에 근접하지만, 그 기간이 늘어나면서 편차가 커진다는 사실이 눈에 띈다. 이를 투자에 대입해 보면, 더블인버스 종목에 장기 투자하기보다는 단기 매매(저점 매수 고점 매도)하는 투자 패턴이 수익률을 높이는 (또는 손실을 줄이는) 방법이라 하겠다.

여하튼, S&P500지수가 5% 하락하면 더블인버스 종목의 주가는 2배인 10% 상승한다. 반대로 기초지수가 5% 상승하면 주가는 2배인 10% 하락한다. 향후 S&P500지수가 하락할 것이라는 강력한 확신이 들고, 그 하락률의 곱절만큼의 수익률을 원한다면, 더블인버스 종목을 매수하라. 하지만 그 확신이 어긋나 주가지수가 폭등하는 비상사태가 발생하면 큰 손실로 이어진다는 것만 명심하라.

S&P500지수에 2배 반비례하는 종목

국내 주식시장에서 거래되는 S&P500지수에 2배 반비례하는 종목을 (도표 1-43)에 정리했으니, 투자에 참고하기 바란다.

(도표 1-43) S&P500지수에 2배 반비례하는 종목

종목명	종목코드	수수료율	상장주식수(천주)	거래량(주)
TRUE 인버스 2X S&P500 선물 ETN(H)	570023	0.890%	5,000	46,743
신한 인버스 2X S&P500 선물 ETN	500051	0.800%	2,000	12,124

제2장

중국 주가지수에
투자해야 하는 종목들

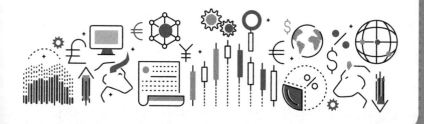

01
CSI300지수에
정비례하는 종목

안정적 투자자를 위한 1배 정비례 종목

미국이 시가총액 규모로 세계에서 가장 큰 주식시장을 갖고 있다면, 중국의 주식시장은 (과거와 비교하여 경제와 주가의 성장성이 많이 둔화하였지만) 미래 성장성이 가장 돋보인다고 할 수 있다.

먼저, 중국에는 3개의 주식시장이 있다. 산업화 초기인 1980년대 개방 시기에 외자의 조달 임무를 수행한 홍콩 증권거래소, 본토의 공기업이나 대기업이 상장된 상하이 증권거래소(한국의 코스피시장에 해당), 중소기업 및 벤처기업의 주식이 거래되는 선전 증권거래소(한국의 코스닥시장에 해당)이다.

중국의 증권거래소는 다양한 주가지수를 발표하고 있다. 예를 들어, CSI300, A50지수, 심천ChiNext지수, 차이나 HSCEI 등이 있다.

이에 따라 중국에 투자하려면 먼저 대상이 되는 주가지수를 선택해야 하고, 다음으로 그 주가지수가 상승할지 아니면 하락할지를 예측해야 한다.

우선, 중국의 주가지수 중에서 ETF 투자에 가장 많이 활용되는 지수가 CSI300이다. 다음 두 차트를 비교해 보면서 이 지수와 정비례하는 종목을 살펴보자. (도표 2-1)은 과거 5년간 상하이 증권거

(도표 2-1) 상하이 종합주가지수 : 5년간 주가 차트

(도표 2-2) TIGER 차이나CSI300 (종목코드 : 192090)

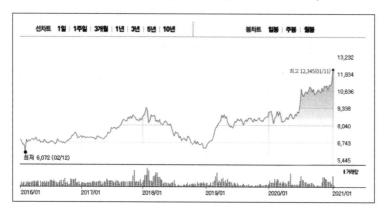

래소의 종합주가지수이고, (도표 2-2)는 같은 기간 특정 종목의 주가 그래프이다. 여기서 5년 동안의 주가 움직임을 비교하는 이유는 이 종목이 2014년 2월에 최초로 상장되었기 때문이다.

두 차트의 모양새를 살펴보면, 주가의 상승과 하락 추세는 거의 비슷하지만, 높낮이에서 차이가 난다. 왜냐하면, 상하이 종합주가지수는 약 3,000여개의 전체 상장기업의 시가총액을 비교하는 방식으로 산정하지만, CSI300지수는 시가총액 상위 300개 기업의 시가총액만을 활용하여 측정하기 때문이다.

상하이 종합지수는 5년 전에 2,800포인트(2016년 2월)에서 출발하여 지속해서 우상향하다가 당시 최고점인 3,500포인트(2018년 1월)를 달성했다. 그 이후 1년 내내 내림세를 타면서 30% 하락하여 최저점인 2,464포인트(2019년 1월)에 도달했다. 이어서 V자 형태로 반등한 후 박스권에서 등락하다가 전고점을 갱신하면서 최고점인 3.576포인트(2021년 1월)를 돌파했다. 최저점 대비 45% 상승한 것이다.

한편, 같은 기간에 1배 정비례 종목은 상하이 종합지수와 유사한 추세를 보이면서, 주가 최저점인 6,072원에서 최고점인 12,345원까지 100% 상승했다. 여하튼, 향후 중국의 주가지수가 상승할 것으로 전망하는 투자자는 이 ETF 종목을 매수하면 된다. 매수한 후 충분히 상승하여 향후 하락할 것으로 판단되면 매도하여 이익을 확정하라.

1배 정비례 종목의 투자수익률

만약, 투자자가 이 종목을 매수했더라면 투자수익률은 어느 정도 였을까? (도표 2-3)에서 과거 수익률 추세를 들여다볼 수 있다. 기준가격이란 주식시장에서 거래되면서 형성된 주가를, 기초지수는 이 ETF 종목이 추종하는 주가지수(여기서는 CSI300지수)를 말한다.

이 종목을 처음 상장한 시점(2014년 2월)에 매수하여 현재까지 보유했다면 수익률이 157%였다. 당시 1,000만 원을 매수했더라면 투

(도표 2-3) TIGER 차이나CSI300의 투자수익률

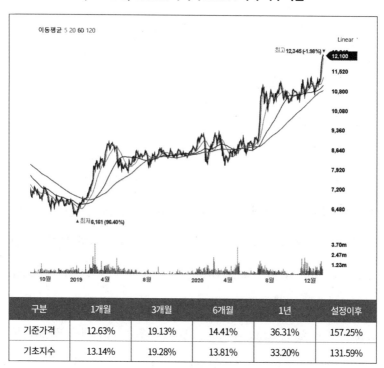

구분	1개월	3개월	6개월	1년	설정이후
기준가격	12.63%	19.13%	14.41%	36.31%	157.25%
기초지수	13.14%	19.28%	13.81%	33.20%	131.59%

자 원금이 2,572만 원으로 늘어났다. 같은 기간의 CSI300지수는 131.59% 상승했다.

이 종목에 투자한다면 유의할 사항이 하나 있다. 과거의 수익률을 살펴보면, 1년이 (+)36.31%, 6개월이 (+)14.41%, 3개월이 (+)19.13%, 그리고 1개월 수익률이 (+)12.63%이다. 그래프에서 보듯이, 기초지수가 꾸준히 우상향할 때에는 '매수 후 보유'하는 투자 패턴이 수익률을 높이는 방법이다.

1배 정비례 종목의 구성 명세

원래 CSI300지수는 중국증권지수기업(CSI, China Securities Index Co, Ltd.)이 발표한다. 중국 본토의 상하이 및 선전 거래소에 상장된 주식 중에서, 시가총액(유동성, 거래량, 재무현황 등 포함) 등을 고려하여 선정된 300개 종목(상하이 70%, 선전 30%의 비중 배분)으로 산정한다.

참고로, 300개 종목 중 시가총액 상위 30개를 예시하면 (도표 2-4)와 같다. 시가총액 1위는 주류(특히 마오타이주)를 생산 판매하는 귀주모태주(Kweichow Moutai Co Ltd), 2위는 대형 보험그룹인 평안보험(Ping An Insurance Group Co of China Ltd), 3위는 알코올 제조업체인 오량액(Wuliangye Yibin Co Ltd), 4위는 중국상업은행(China Merchants Bank Co Ltd), 그리고 5위는 가전제품 및 모터를 생산 판매하는 메이디그룹(Midea Group Co Ltd) 순이다.

(도표 2-4) TIGER 차이나CSI300의 구성 명세

No	종목명	수량(주)	평가금액(원)	비중(%)
1	CSI 300 IDX FUTUR Jan21	1.95	540,128,059	22.02
2	Kweichow Moutai Co Ltd	246	88,726,197	3.62
3	Ping An Insurance Group Co of China Ltd	5,315	77,270,854	3.15
4	ChinaAMC ETF Series - ChinaAMC CSI 300 Index ETF	7,506	71,642,540	2.92
5	Wuliangye Yibin Co Ltd	952	52,948,526	2.16
6	China Merchants Bank Co Ltd	6,073	46,980,642	1.92
7	Harvest CSI 300 Index ETF	49,126	45,637,684	1.86
8	Midea Group Co Ltd	2,411	42,593,600	1.74
9	Huatai-Pinebridge CSI 300 ETF	39,087	36,884,660	1.5
10	Jiangsu Hengrui Medicine Co Ltd	1,831	35,488,625	1.45
11	ChinaAMC ETF Series - ChinaAMC CSI 300 Index ETF	3,419	32,530,721	1.33
12	Inner Mongolia Yili Industrial Group Co Ltd	2,984	25,996,108	1.06
13	iShares Core CSI 300 ETF	4,316	26,112,373	1.06
14	Gree Electric Appliances Inc of Zhuhai	2,361	25,745,614	1.05
15	China Tourism Group Duty Free Corp Ltd	478	25,054,819	1.02
16	LONGi Green Energy Technology Co Ltd	1,295	24,783,343	1.01
17	Industrial Bank Co Ltd	7,135	24,170,911	0.99
18	CITIC Securities Co Ltd	4,180	20,958,791	0.85
19	Luxshare Precision Industry Co Ltd	2,056	20,271,317	0.83
20	East Money Information Co Ltd	3,381	19,773,230	0.81
21	Sany Heavy Industry Co Ltd	2,910	19,809,332	0.81
22	Hangzhou Hikvision Digital Technology Co Ltd	1,833	18,007,752	0.73
23	Foshan Haitian Flavouring & Food Co Ltd	476	17,214,689	0.7
24	BYD Co Ltd	444	16,840,139	0.69
25	China Vanke Co Ltd	3,340	16,206,570	0.66
26	Luzhou Laojiao Co Ltd	359	16,034,052	0.65
27	Ping An Bank Co Ltd	4,761	15,968,136	0.65
28	WuXi AppTec Co Ltd	628	15,447,803	0.63
29	Muyuan Foods Co Ltd	919	15,158,914	0.62
30	Industrial & Commercial Bank of China Ltd	17,198	14,492,754	0.59
31	China Yangtze Power Co Ltd	4,463	14,464,691	0.59

㈜ CSI 300 IDX FUTUR Jan21는 2021년 1월에 만기 도래하는 주가지수 선물 종목임

(도표 2-5) SCI300지수의 업종(섹터)별 비중

업종비중

업종(섹터)	비중(%)
금융	26.44
필수소비재	16.29
정보기술	13.63
산업	10.40
임의소비재	9.84
헬스케어	9.58
소재	6.24
부동산	2.86
커뮤니케이션 서비스	1.80
유틸리티	1.70

상위10종목

종목명	업종	비중(%)
Kweichow Moutai Co Ltd	필수소비재	5.05
Ping An Insurance Group Co of China Ltd	금융	4.83
Wuliangye Yibin Co Ltd	필수소비재	2.89
China Merchants Bank Co Ltd	금융	2.77
Midea Group Co Ltd	임의소비재	2.45
Jiangsu Hengrui Medicine Co Ltd	헬스케어	2.19
Inner Mongolia Yili Industrial Group Co Ltd	금융	1.58
Gree Electric Appliances Inc of Zhuhai	임의소비재	1.53
China Tourism Group Duty Free Corp Ltd	임의소비재	1.33
LONGi Green Energy Technology Co Ltd	에너지	1.01

주식시장에서는 전체 종목을 관리의 편의상 업종(섹터)별로 구분하고 있다. 이 분류에 따르면, SCI300지수의 업종별 시가총액 비중은 어느 정도일까? (도표 2-5)에서 보듯이, 금융(26.44%), 필수소비재(16.29%), 정보기술(13.63%), 그리고 산업(10.40%) 등 4개 섹터의 비중이 절반이 넘는 65%를 차지하고 있다.

SCI300지수에 정비례하는 종목

국내 주식시장에서 거래되는 SCI300지수에 1배 정비례하는 종목을 (도표 2-6)에 정리했으니, 투자에 참고하기 바란다.

원래, 주가지수의 변동을 정확하게 추종해야 투자하기 좋은 종목이다. 되도록 거래량이 많은 종목을 선택하되, 수수료까지 저렴하면 금상첨화라 할 수 있다.

(도표 2-6) SCI300지수에 1배 정비례하는 종목

종목명	종목코드	수수료율	상장주식수(천주)	거래량(주)
TIGER 차이나CSI300	192090	0.630%	29,600	797,428
KODEX 중국본토CSI300	283580	0.550%	5,400	112,016
KINDEX 중국본토CSI300	168580	0.700%	6,400	17,717

(주3) 종목명 마지막에 (H) 표시가 없어, 주가뿐만 아니라 환율 변동이 투자수익에 영향을 미침

02
대형주 및 중소형 CSI지수에
정비례하는 종목

　보통, 대형주는 안정성이 있어 주가의 등락 폭이 작은 데 반해, 중·소형주는 성장성으로 인해 주가의 등락이 크다고 알려져 있다. 예를 들어, 삼성전자가 혁신적인 신기술 개발로 인해 향후 10조 원의 매출이 새롭게 늘어날 것이라고 공시하더라도, 그 회사의 주가는 크게 움직이지 않을 것이다. 하지만 중소 벤처기업이 이러한 사업 내용을 발표한다면, 이 회사의 주가는 며칠 동안 상한가 행진을 거듭할 것이다.

　중국 주식시장에 상장된 대형주와 중·소형주의 주가 추세를 검토함으로써, 실제 위의 논리가 주식시장에서 통하는지 알아본다.

대형주와 중·소형주의 투자수익률

다음의 두 차트를 비교하여, 규모별 정비례 종목에 대해 살펴보자. (도표 2-7)은 CSI 대형주지수에 1배 정비례하는 종목이다. 한편 (도표 2-8)은 같은 기간 CSI 중소형지수에 따라 1배로 변동하는 종목이다. 주가지수에 포함된 회사들의 규모와 상관없이 주가 등락과 추세 변동이 거의 유사한 모습이다. 다만 그 높낮이의 크기에서 차이가 나고 있다.

그러면 두 차트의 진폭이 어느 정도 차이가 날까? 대형주 종목의 주가는 최저점인 12,025원(2018년 12월)에서 출발하여 박스권에서 등락하다가, 최근에 급상승하면서 최고점인 25,320원(2021년 1월)

(도표 2-7) KBSTAR 중국본토 대형주 CSI100 (종목코드 : 174360)

(도표 2-8) SMART 중국본토 중소형 CSI500(합성 H) (종목코드 : 220130)

을 돌파했다. 만약 최저점에서 매수하여 최고점에서 매도했다면 투
자수익률이 110%로 나타난다.

한편, 같은 기간에 중소형 종목의 주가 최저점 3,010원(2018년
10월)에서 대형주 종목과 비슷하게 등락을 거듭하다가 주가 최고점
인 5,540원(2021년 1월)까지 급상승했다. 만약, 최저점에서 매수하
여 최고점에서 매도했다면 84%의 수익률을 얻게 된다.

앞의 차트에서 두 종목의 주가 최저점에서 최고점으로의 상승률
만 단순하게 따져 보면, 대형주의 상승 폭이 중·소형주보다 크다
는 결론이 나온다. 하지만 두 차트의 진폭을 자세히 관찰하면, 중·
소형주의 주가 등락 폭이 대형주보다 크다는 사실이 확실하게 눈에
띈다.

대형주와 중·소형주의 구성 명세

중국의 CSI(China Securities Index Co, Ltd.)는 상하이 및 선전 증권거래소에 상장된 전체 종목 중에서 일부를 추출하여 CSI300, 대형주 CSI100, 중소형 CSI500 등을 산정하여 발표하고 있다.

우선, 대형주 CSI100은 시가총액이 큰 100개 종목을 대상으로 산정한다. 그중에서 상위 30개 회사의 시가총액 비중은 (도표 2-9)와 같다. 이를 업종별로 구분하면, 금융(29.39%), 필수소비재 (21.26%), 기타 산업(21.21%), 경기소비재(11.27%) 등 4개 섹터가 대부분의 비중(83%)을 점하고 있다. 아무래도 대기업이다 보니, 금융업(은행업과 보험업 등)과 필수 소비재(공산품 등의 생활용품)와 경기소비재(가전제품이나 자동차 등의 내구재)의 비중이 크다는 것이 특징이다.

(도표 2-9) KBSTAR 중국본토 대형주CSI100의 구성 명세

업종비중

No	종목명	비중(%)
1	금융	29.39
2	필수소비재	21.26
3	기타 산업	21.21
4	경기소비재	11.27
5	IT	9.95
6	기타	6.92

No	종목명	주식주(주)	보유비중(%)
1	설정현금액	2,305,429,584	100%
2	원화예금	775,023,895	33.62%
3	Kweichow Moutai Co Ltd	325	4.99%
4	Ping An Insurance Group Co of China Ltd	7,001	4.43%
5	Wuliangye Yibin Co Ltd	1,252	2.92%
6	China Merchants Bank Co Ltd	7,998	2.74%
7	Midea Group Co Ltd	3,176	2.4%
8	Jiangsu Hengrui Medicine Co Ltd	2,411	2.01%
9	Gree Electric Appliances Inc of Zhuhai	3,109	1.48%
10	Inner Mongolia Yili Industrial Group Co Ltd	3,932	1.42%
11	Industrial Bank Co Ltd	9,398	1.4%
12	LONGi Green Energy Technology Co Ltd	1,708	1.39%
13	China Tourism Group Duty Free Corp Ltd	630	1.35%
14	CITIC Securities Co Ltd	5,504	1.22%
15	Luxshare Precision Industry Co Ltd	2,709	1.19%
16	Sany Heavy Industry Co Ltd	3,833	1.14%
17	East Money Information Co Ltd	4,453	1.11%
18	Hangzhou Hikvision Digital Technology Co Ltd	2,416	1.02%
19	Foshan Haitian Flavouring & Food Co Ltd	629	0.99%
20	BYD Co Ltd	587	0.98%
21	China Vanke Co Ltd	4,398	0.95%
22	Ping An Bank Co Ltd	6,271	0.91%
23	Luzhou Laojiao Co Ltd	475	0.89%
24	WuXi AppTec Co Ltd	827	0.89%
25	Muyuan Foods Co Ltd	1,210	0.86%
26	BOE Technology Group Co Ltd	17,512	0.83%
27	China Yangtze Power Co Ltd	5,876	0.83%
28	Industrial & Commercial Bank of China Ltd	22,654	0.83%
29	Wanhua Chemical Group Co Ltd	1,013	0.81%
30	SF Holding Co Ltd	1,179	0.79%

한편, 중소형주 CSI500은 신한자산운용(구, 신한BNP파리바자산운용)에서 설계했는데, 펀드 자금의 많은 부분을 증권회사(이 사례에서는 미래에셋대우증권)에 스왑 방식으로 위탁시켜 운용하고 있다.

CSI지수에 정비례하는 종목

국내 주식시장에서 거래되는 중국의 대형주 및 중·소형주 CSI지수에 정비례하는 종목을 (도표 2-10)에 정리했으니, 투자에 참고하기 바란다.

(도표 2-10) CSI지수에 정비례하는 종목

종목명	종목코드	수수료율	상장주식수(천주)	거래량(주)
KBSTAR 중국본토 대형주 CSI100	174360	0.650%	2,600	95,978
SMART 중국본토 중소형 CSI500(합성 H)	220130	0.600%	1,800	8,313

(주1) KBSTAR는 KB금융그룹 산하KB자산운용에서 만든 ETF의 브랜드명임
(주2) SMART는 신한자산운용(구 신한BNP파리바자산운용)에서 만든 ETF의 브랜드명임
(주3) 종목명 마지막에 표시된 (H)는 헤지(Hedge)의 약자로서, 선물환 등을 통해 환율이 변동하더라도 투자 수익에 영향을 미치지 않는다는 뜻임
(주4) 종목명 마지막에 표시된 (합성)은 현물 주식과 주가지수 선물을 같이 편성하여 운용한다는 의미임

03
CSI300지수에
2배 정비례하는 종목

공격적 투자자를 위한 레버리지 종목

개인투자자들이 소액의 자금을 굴려 수익률을 높이려고 레버리지 ETF 종목에 많이들 투자한다. 이는 마치 지렛대를 이용하여 적은 힘(소액의 투자금액)으로 큰 물체(2배의 수익률)를 들어 올린다는 의미에서 레버리지(leverage)라는 이름이 붙었다.

다음의 두 차트를 비교해 보면서 1배 정비례 및 레버리지 종목에 대해 알아본다. (도표 2-11)은 앞서 살펴본 CSI300지수에 1배 정비례하는 종목이고, (도표 2-12)는 같은 기간에 기초지수에 2배 정비례하는 종목이다. 두 차트의 모양새는 진폭만을 제외하고 거의 비슷하다.

2배 정비례 종목의 투자수익률

두 차트의 진폭은 어느 정도 차이가 날까? 이 기간에 1배 정비례 종목의 주가 최저점은 6,161원이고 최고점은 12,345원이다. 만약 최저점에서 매수하여 최고점에서 매도했다면 (+)100%의 투자수익을 얻는다. 하지만 반대의 상황이라면 손실률이 (-)50%가 된다.

한편, 같은 기간 레버리지 종목의 주가 최저점은 10,555원이고, 최고점은 36,430원이다. 다행스럽게도 최저점에서 매수하여 최고

(도표 2-11) TIGER 차이나CSI300의 투자수익률 (종목코드 : 192090)

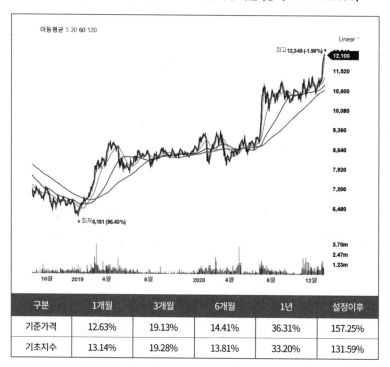

구분	1개월	3개월	6개월	1년	설정이후
기준가격	12.63%	19.13%	14.41%	36.31%	157.25%
기초지수	13.14%	19.28%	13.81%	33.20%	131.59%

점에서 매도했다면 (+)245%의 이익을, 불행하게도 반대로 매매한 상황이라면 손실률이 (-)71%로 나타난다.

(도표 2-12) TIGER 차이나CSI300레버리지(합성) (종목코드 : 204480)

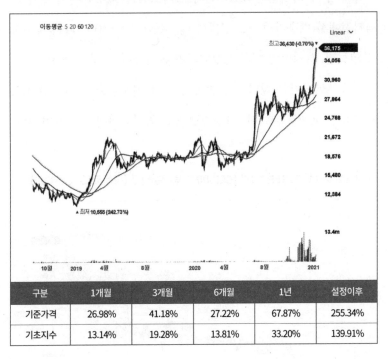

구분	1개월	3개월	6개월	1년	설정이후
기준가격	26.98%	41.18%	27.22%	67.87%	255.34%
기초지수	13.14%	19.28%	13.81%	33.20%	139.91%

원래 레버리지 종목의 수익률(손실률)은 1배 정비례 종목의 수익률(손실률) 대비 2배 내외를 유지해야 한다. 즉, 1배 정비례 종목의 수익률이 (+)100%라면, 레버리지 종목은 2배인 (+)200%로 나타나야 한다. 하지만 이 사례에서는 실제 수익률이 (+)245%로, 차이가 나고 있다. 기간 수익률의 편차, 수익률의 복리 효과, 주식시장의 불완전성 등 여러 요인이 복합적으로 작용하기 때문이다.

여하튼, 기초지수가 5% 상승하면 1배 정비례 종목은 같은 비율만큼 상승하지만, 레버리지 종목의 주가는 그 2배인 10% 내외로 상승한다. 반면에, 기초지수가 5% 하락하면 1배 정비례 종목은 같은 비율만큼 하락하고, 레버리지 종목의 주가는 그 2배인 10% 내외에서 하락한다.

2배 정비례 종목의 구성 명세

원래 CSI300지수에 1배 정비례하는 종목은 전체 투자금액을 300개 종목의 시가총액 비중에 나눠 매수하는 방식으로 운용한다. 그러면 레버리지 종목은 어떻게 설계하기에 2배의 수익률을 얻을 수 있을까? 레버리지 종목의 구성 명세는 (도표 2-13)과 같다. 그 설계 원리는 매우 간단하다. 우선, 절반의 투자자금으로 기초지수를 1배 정비례하는 ETF 종목(이 사례에서는 HAITONG CSI 300 INDEX ETF-HD와 TIGER 차이나CSI300)을 매수한다.

나머지 절반의 자금으로는 증권회사(이 사례에서는 삼성증권, 키움증권, 메리츠증권, 미래에셋대우증권 등)에 스왑하는 방식으로 위탁 운용 중에 있다. 다시 말해, 증권회사와 약정한 투자자금을 맡기고 나서, 계약 기간이 만료되는 시점에 맡긴 원금에 기초지수가 상승하면 2배의 수익을 (반면에 기초지수가 하락하면 2배의 손실) 가산(차감)하여 되돌려 받는 방식이 바로 스왑이다.

(도표 2-13) TIGER 차이나CSI300레버리지(합성)의 구성 명세

No	종목명	수량(주)	평가금액(원)	비중(%)
1	CHINAAMC CSI 300 IDX ETF-HKD	61,451	583,455,737.15	16.42
2	스왑(삼성증권)_490154		62,818,781.17	1.77
3	스왑(키움증권)_490154		52,811,558.44	1.49
4	스왑(메리츠증권)_490154		38,887,816.91	1.09
5	스왑(미래에셋대우)_490154		31,907,952.34	0.9
6	스왑(한국투자증권)_490154		31,907,952.34	0.9
7	HAITONG CSI 300 INDEX ETF-HD	3,542	11,697,844.62	0.33
8	TIGER 차이나CSI300	562	6,800,200	0.19
9	GX CSI 300-HKD	1,429	4,610,239.80	0.13
10	원화현금		2,728,533,089	76.79

CSI300지수에 2배 정비례하는 종목

국내 주식시장에서 거래되는 CSI300지수에 2배 정비례하는 종목을 (도표 2-14)에 정리했으니, 투자에 참고하기 바란다. 거래량이 많으면서 수수료율이 낮은 종목을 고르는 것이 좋다.

(도표 2-14) CSI300지수에 2배 정비례하는 종목

종목명	종목코드	수수료율	상장주식수(천주)	거래량(주)
TIGER 차이나CSI300 레버리지(합성)	204480	0.590%	4,700	3,528,585
KINDEX 중국본토CSI300 레버리지(합성)	219900	0.500%	3,400	63,469

04
CSI300지수에
반비례하는 종목

안정적 투자자를 위한 1배 반비례 종목

이번에는 CSI300지수가 하락해야 이익이 나는 종목을 알아본다. 이들 종목의 이름에는 반드시 반비례하는 의미의 '인버스(inverse)'라는 명칭이 붙기에, 그리 어렵지 않게 찾을 수 있을 것이다.

(도표 2-15)와 (도표 2-16)을 비교해 보면서 인버스 종목을 알아본다. 언뜻 보아도, 두 차트의 모양새가 위아래로 뒤집혀 있다는 것을 알 수 있다. 실제로 두 차트는 서로 반비례 상태에 있다. 당초 인버스 종목이 정비례 종목과는 위아래가 뒤집히도록 설계되었기 때문이다.

(도표 2-15)는 CSI300지수의 1배 정비례 종목의 주가 그래프이다. 이 종목의 주가는 꾸준히 우상향하면서, 주가 최저점 6,161원

(2019년 1월)에서 최고점 12,345원(2021년 1월)까지 상승했다. 이 기간에 투자 원금이 무려 2배(투자수익률 100%)로 불어났다. 반대의 상황을 가정하면, 주가 최고점에서 최저점까지 50% 하락했다.

한편 (도표 2-16)은 1배 인버스 종목의 주가 차트이다. 같은 기간에 주가 최고점 15,850원(2019년 1월)에서 우하향하면서 최저점 7,430원(2021년 1월)까지 하락했다. 과거에 투자한 원금이 절반 이하로 줄어들었다. 투자 손실률이 (-)53%에 달한다.

(도표 2-15) TIGER 차이나CSI300의 투자수익률 (종목코드 : 192090)

구분	1개월	3개월	6개월	1년	설정이후
기준가격	12.63%	19.13%	14.41%	36.31%	157.25%
기초지수	13.14%	19.28%	13.81%	33.20%	131.59%

(도표 2-16) TIGER 차이나CSI300인버스(합성) (종목코드 : 217780)

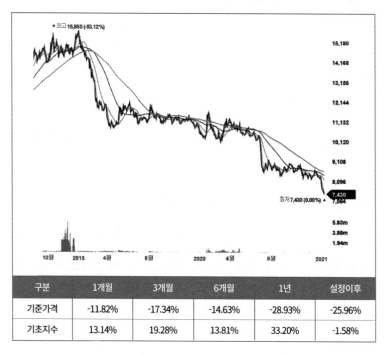

구분	1개월	3개월	6개월	1년	설정이후
기준가격	-11.82%	-17.34%	-14.63%	-28.93%	-25.96%
기초지수	13.14%	19.28%	13.81%	33.20%	-1.58%

실제로 1배 정비례 종목의 주가 상승률 (+)50%와 인버스 종목의 주가 하락률 (-)53%는 서로 같아야 한다. 하지만 투자 기간을 고려하면 거의 근사치라 할 수 있다. 여하튼, 기초지수가 상승하면 인버스 종목의 주가는 같은 비율만큼 하락하고, 반대로 기초지수가 하락하면 당연히 그 비율만큼 상승한다.

향후 CSI300지수가 하락할 것으로 전망되면 인버스 종목을 매수하면 된다. 그 후에 이 주가지수가 충분히 하락함으로써 앞으로 상승할 것으로 예상하면 매도하여 이익을 확정하라.

1배 반비례 종목의 구성 명세

↗

인버스 종목은 어떻게 설계했기에 기초지수와 반비례하면서 움직일까? 인버스 종목이 보유한 구성 명세를 예시하면 (도표 2-17)과 같다.

전체 보유 자금 중 일부는 CSI300지수에 1배 정비례하는 종목 (이 사례에서는 TIGER 차이나CSI300와 CHINAAMC CSI 300 IDX ETF-HKD)을 공매도하는 방식을 택하고 있다. 나머지 자금은 증권회사 (이 사례에서는 메리츠증권, 미래에셋대우증권 등)에 스왑 방식으로 위탁 운용시킨다. 다시 말해, 약정한 투자금액을 이들 증권회사에 맡긴 후, 계약 기간이 만료되는 시점에 위탁한 투자 원금에 기초지수가 하락하면 1배의 투자수익 (반면에 기초지수가 상승하면 1배의 투자 손실)을 가산(차감)하여 되돌려 받는 방식이다.

(도표 2-17) TIGER 차이나CSI300인버스(합성)의 구성 명세

No	종목명	수량(주)	평가금액(원)	비중(%)
1	TIGER 차이나CSI300	1,352	16,359,200	2.21
2	CHINAAMC CSI 300 IDX ETF-HKD	268	2,544,566.20	0.34
3	원화현금	1	846,198,125	114.29
4	스왑(메리츠증권)_490159	-62,350,198.55	-62,350,198.55	-8.42
5	스왑(미래에셋대우)_490159	-62,350,198.55	-62,350,198.55	-8.42

SCI300지수에 비례하는 종목

↗

국내 주식시장에서 거래되는 SCI300지수에 정비례 및 반비례하는 종목을 (도표 2-18)에 정리했으니, 투자에 참고하기 바란다.

원래 주가지수의 변동을 정확하게 추종해야 투자하기 적절한 종목이다. 이를 위해 될 수 있으면 거래량이 많은 종목에 투자하고, 투자 부대 비용을 줄이려면 수수료율이 저렴한 종목을 고른다.

(도표 2-18) SCI300지수에 정비례 및 반비례하는 종목

종목명	종목코드	수수료율	상장주식수(천주)	거래량(주)
TIGER 차이나CSI300	192090	0.630%	29,600	797,428
KODEX 중국본토CSI300	283580	0.550%	5,400	112,016
KINDEX 중국본토CSI300	168580	0.700%	6,400	17,717
TIGER 차이나CSI300 레버리지(합성)	204480	0.590%	4,700	3,528,585
KINDEX 중국본토CSI300 레버리지(합성)	219900	0.500%	3,400	63,469
TIGER 차이나CSI300 인버스(합성)	217780	0.590%	3,800	11,891

05
A50지수에
정비례하는 종목

안정적 투자자를 위한 1배 정비례 종목

앞서 설명한 CSI300지수는 중국본토의 상하이 및 선전 증권거래소에 상장된 시가총액 상위 300개 종목을 대상으로 측정하는 주가지수이다. 반면, China A50지수는 같은 주식시장에 상장된 시가총액 상위 50개 종목만을 기준으로 FTSE(Financial Times Security Exchange)에서 산정한 주가지수이다.

중국의 A50지수에 투자할 때에도 선택이 요구된다. 기초지수가 상승한다면 정비례 종목에, 반대로 하락한다면 반비례 종목에 배팅해야 하기 때문이다.

먼저 다음 두 차트를 비교해 보면서 1배 정비례 종목에 대해 살펴본다. (도표 2-19)는 과거 5년간의 상하이 주식시장의 종합주가지수 그래프이고, (도표 2-20)은 특정 종목의 주가 차트이다. 과거 5년 동안의 주가 움직임을 비교하는 이유는, 이 정비례 종목이 2013년 1월에 최초 상장되었기 때문이다.

두 차트를 비교 검토해 보자. 원래 상하이 종합주가지수는 그 시장에 상장된 3,000여개 전체 종목의 시가총액을 이용해 산정한다. 반면, A50지수는 그중에서 시가총액 상위 50개 기업만을 대상으로

(도표 2-19) 상하이 종합주가지수 : 5년간 주가 차트

(도표 2-20) KODEX 중국본토 A50 (종목코드 : 169950)

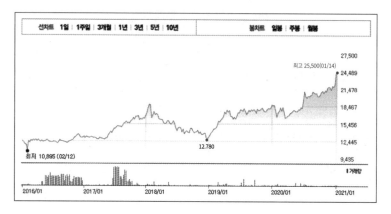

측정한다. 이처럼 주가지수에 포함되는 종목이 차이가 나면, 그 모양새가 서로 달라야 하는데도 두 그래프의 움직임은 거의 비슷하다. 다만, 그 진폭에서 약간의 차이가 난다. 상대적으로 상하이 종합주가지수보다 A50지수의 주가 등락 폭이 작다는 사실이 눈에 띈다.

먼저, 상하이 종합지수는 과거 5년 전에 2,800포인트(2016년 2월)에서 출발하여 우상향하면서 최고점인 3,500포인트(2018년 1월)에 도달했다. 그 후 1년 내내 내림세를 보이면서 30% 투자 손실을 보이며 최저점인 2,464포인트(2019년 1월)에 도달했다. 그 직후에 V자형의 반등세와 박스권에서 등락하다가 전고점보다 더 높은 3,608포인트에 도달했다. 최저점 대비 45% 상승한 것이다.

한편, 1배 정비례 종목은 상하이 종합지수와 유사한 등락 추세를 보이면서, 2019년 주가가 크게 하락하여 최저점인 12,780원에서 최고점인 25,500원으로 100% 상승했다. 여하튼, 향후 중국의 주가지수가 상승할 것으로 전망하는 투자자는 이 종목을 매수하면 된다.

1배 정비례 종목의 투자수익률

만약 투자자가 이 종목을 매수했더라면 얼마큼의 수익률을 기록했을까? 과거의 수익률을 (도표 2-21)에서 들여다볼 수 있다. 기준가격이란 주식시장에서 거래되면서 형성된 주가를, 기초지수는 이 ETF 종목이 추종하는 주가지수(여기서는 A50지수)를 말한다.

이 종목을 최초의 상장 시점(2013년 1월)에 매수하여 현재까지 보유한다면 수익률이 149.10%로 나타난다. 당시 1,000만 원을 투자했더라면 원금이 2,491만 원으로 늘어났다는 것이다. 같은 기간의 A50지수는 125.46% 상승했다.

이 종목에 투자한다면 다음 사항에 유의하라. 과거의 기간별 수익률을 정리해 보면, 1년이면 (+)31.93%, 6개월이면 (+)16.80%, 3개월이면 (+)18.13%, 최근 1개월이면 (+)15.40%로 나타난다. 차트에서 보듯이, 기초지수가 꾸준히 우상향한다면 '매수 후 보유'하는 투자 패턴이 수익률을 높이는 방법이다.

(도표 2-21) KODEX 중국본토 A50의 투자수익률

구분	1개월	3개월	6개월	1년	설정이후
기준가격	15.40%	18.13%	16.80%	31.93%	149.10%
기초지수	16.11%	17.69%	16.37%	30.74%	125.46%

1배 정비례 종목의 구성 명세

↗

원래 A50지수는 세계 3대 지수개발회사인 FTSE가 발표한다. 중국 본토인 상하이 및 선전 증권거래소에 상장된 주식 중에서, 시가총액 상위 50개 종목을 갖고 산정한다. 원래 국영기업을 포함하여 비교적 투명한 회계기준을 따르는 대기업과 대형금융사의 비중이 높아, 비교적 안전한 투자 대상으로 인식되어 글로벌 투자자들이 선호하는 주가지수에 해당한다. 참고로 A50지수에 포함되는 종목 중에서 (지면 관계상) 상위 30개 종목을 나열하면 (도표 2-22)와 같다.

앞서 CSI300에 포함된 종목들과 유사하게, 시가총액 1위는 주류 (특히 마오타이주)를 생산 판매하는 귀주모태주(Kweichow Moutai Co Ltd), 2위는 대형 보험그룹인 평안보험(Ping An Insurance Group Co of China Ltd), 3위는 중국상업은행(China Merchants Bank Co Ltd), 4위는 알코올 제조업체인 오량액(Wuliangye Yibin Co Ltd), 그리고 5위는 중국 산업은행(Industrial Bank Co LTD) 순이다.

(도표 2-22) KODEX 중국본토 A50의 구성 명세

No	종목명	수량(주)	평가금액(원)	비중(%)
1	설정현금액	2,490,327,476	2,490,327,476	0.00%
2	원화예금	331,727,552	331,727,552	0.00%
3	SGX FTSE 中A50 F2101	16	332,489,881	13.35%
4	KWEICHOW MOUTAI CO LTD-A	592	217,038,030	8.71%
5	PING AN INSURANCE GROUP CO-A	14,254	212,378,060	8.53%

No	종목명	수량(주)	평가금액(원)	비중(%)
6	CHINA MERCHANTS BANK-A	18,583	156,693,751	6.29%
7	WULIANGYE YIBIN CO LTD-A	2,713	142,689,149	5.73%
8	INDUSTRIAL BANK CO LTD-A	21,888	77,426,851	3.11%
9	JIANGSU HENGRUI MEDICINE C-A	3,852	74,567,809	2.99%
10	CITIC SECURITIES CO-A	13,293	72,236,950	2.90%
11	CHINA TOURISM GP DF	1,233	66,752,777	2.68%
12	INNER MONGOLIA YILI INDUS-A	7,860	66,236,315	2.66%
13	GREE ELECTRIC APPLIANCES I-A	5,707	61,638,770	2.47%
14	LONGI GREEN ENERGY TECHNOL-A	2,933	54,712,525	2.20%
15	CHINA VANKE CO LTD-A	10,213	51,462,306	2.07%
16	EAST MONEY INFORMATION CO-A	7,620	49,359,455	1.98%
17	BYD CO LTD-A	1,207	48,530,722	1.95%
18	LUZHOU LAOJIAO CO LTD-A	1,053	46,860,414	1.88%
19	PING AN BANK CO LTD-A	12,883	45,900,325	1.84%
20	YANTAI WANHUA POLYURETHANE-A	2,187	41,931,955	1.68%
21	LUXSHARE PRECISION INDUSTR-A	4,016	41,133,374	1.65%
22	MEDIA GROUP	2,213	39,085,134	1.57%
23	CHINA MINSHENG BANKING-A	43,702	38,481,158	1.54%
24	SHANGHAI PUDONG DEVEL BANK-A	22,727	37,710,338	1.51%
25	AGRICULTURAL BANK OF CHINA-A	59,333	31,709,275	1.27%
26	SHENZHEN MINDRAY BIO-MEDIC-A	400	31,217,440	1.25%
27	CHINA PACIFIC INSURANCE GR-A	4,327	29,548,282	1.19%
28	IND & COMM BK OF CHINA-A	34,087	29,031,666	1.17%
29	SHANXI XINGHUACUN FEN WINE-A	400	27,061,448	1.09%
30	JIANGSU YANGHE BREWERY-A	693	26,973,914	1.08%

㈜ SGX FTSE 中A50 F2101는 싱가폴 증권거래소(SGX)에서 거래되는 2021년 1월에 만기도래하는 A50 주가지수 선물 종목임

06
A50지수에 정비례 및
반비례하는 종목

국내 주식시장에서 A50지수를 추종하는 ETF 종목은 앞서 살펴본 'KODEX 중국본토 A50'이 유일하다. 하지만, 그 투자 범위를 ETN까지 확대하면, 다음과 같이 정비례 및 반비례하는 종목이 거래된다.

공격적 투자자를 위한 레버리지 종목

다음의 두 차트를 비교해 보면서 1배 정비례 및 레버리지 종목에 대해 알아본다. (도표 2-23)은 A50지수에 1배 정비례하는 ETN 종목이다. 반면, (도표 2-24)는 A50지수에 2배 정비례하는 ETN 종목이다. 당초 두 그래프가 서로 일치하도록 설계했기에, 그 모양새는 똑같아야 한다. 다만, 그 진폭에서 약간의 차이가 난다.

먼저 두 차트의 진폭의 차이에 대해 알아본다. 이 기간에 1배 정비례 종목의 주가 최저점은 10,780원이고, 최고점은 21,140원이다. 만약 최저점에서 매수하여 최고점에서 매도했다면 (+)96%의 이익을 얻는다. 하지만 그 반대의 상황으로 거래한다면 투자수익률이 (-)49%가 되어 원금이 절반으로 줄어든다.

한편, 같은 기간 레버리지 종목의 주가 최저점은 21,835원이고, 최고점은 74,600원이다. 만약, 최저점에서 매수하여 최고점에서 매도했다면 (+)241%의 투자 이익을, 그 반대로 거래했다면 (-)71%의 손실을 기록한다.

(도표 2-23) 삼성 China A50 선물 ETN(H) (종목 코드 : 530014)

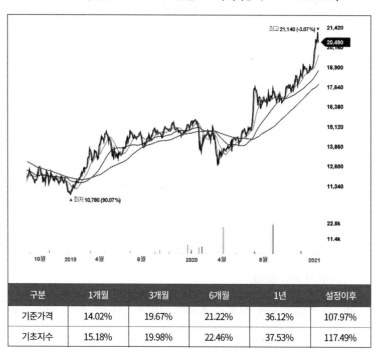

구분	1개월	3개월	6개월	1년	설정이후
기준가격	14.02%	19.67%	21.22%	36.12%	107.97%
기초지수	15.18%	19.98%	22.46%	37.53%	117.49%

(도표 2-24) 삼성 레버리지 China A50 선물 ETN(H) (종목코드 : 530023)

구분	1개월	3개월	6개월	1년	설정이후
기준가격	26.63%	39.25%	40.84%	68.32%	258.47%
기초지수	16.08%	21.37%	23.40%	37.86%	143.23%

원래, 레버리지 종목의 수익률(손실률)은 1배 정비례 종목의 수익률(손실률) 대비 2배를 기록해야 한다. 다시 말해, 1배 정비례 종목의 수익률이 위에서와 같이 (+)96%라면, 레버리지 종목은 그 2배인 (+)192%의 수익률을 기록해야만 한다. 하지만 이 사례에서는 실제로 (+)241%의 수익률로서 큰 차이가 난다. 기간 수익률의 편차, 수익률의 복리 효과, 주식시장의 불완전성 등 여러 요인이 복합적으로 작용하기 때문이다.

여하튼 A50지수가 상승하면 1배 정비례 종목은 같은 비율만큼 상승하지만, 레버리지 종목의 주가는 그 2배 내외에서 상승한다. 반면에, 기초지수가 하락하면 1배 정비례 종목은 같은 비율만큼 하락하고, 레버리지 종목의 주가는 그 2배만큼 내려간다.

안정적 투자자를 위한 반비례 종목

이번에는 A50지수가 하락해야 수익이 발생하는 종목을 살펴본다. 이들 종목의 이름에는 '반대 혹은 반비례'라는 의미의 '인버스(inverse)'라는 명칭이 붙는다.

다음 두 차트를 비교해 보면서 인버스 종목에 대해 살펴본다. 언

(도표 2-25) 삼성 China A50 선물 ETN(H) (종목코드 : 530014)

구분	1개월	3개월	6개월	1년	설정이후
기준가격	14.02%	19.67%	21.22%	36.12%	107.97%
기초지수	15.18%	19.98%	22.46%	37.53%	117.49%

뜻 보아도 두 차트의 모양새가 위아래로 뒤집힌 것을 알 수 있다. 실제로 두 차트는 정확하게 반비례 상태에 있다. 당초, 인버스 종목이 A50지수와는 위아래가 뒤집히도록 설계되었기 때문이다.

(도표 2-25)는 앞서 설명한 1배 정비례 종목 차트이다. 그동안 꾸준히 우상향하면서, 최저점 10,780원에서 최고점 21,140원까지 상승했다. 최저점에서 매수하여 최고점에서 매도했다면 (+)98%의 투자수익률을 달성했다. 반대로 거래하는 상황이라면 원금이 절반으로 줄어들어 (-)49%의 손실을 보게 된다.

한편 (도표 2-26)은 같은 기간 인버스 종목의 주가 차트이다. 그

(도표 2-26) 삼성 인버스 China A50 선물 ETN(H) (종목코드 : 530002)

구분	1개월	3개월	6개월	1년	설정이후
기준가격	-11.86%	-16.31%	-18.28%	-30.51%	-59.41%
기초지수	-13.40%	-17.05%	-19.44%	-31.03%	-57.95%

동안 꾸준히 우하향하면서, 최고점 16,655원에서 최저점 7,700원까지 하락했다. 만약, 최고점에서 매수하여 최저점에서 매도했다면 (-)54%의 투자 손실을 보지만, 반대의 상황이라면 (+)116%의 투자수익을 얻는다.

실제로 A50지수에 1배 정비례하는 종목의 하락률 (-)49%와 인버스 종목의 하락률 (-)54%는 일치해야 하는데, 약간의 차이가 나고 있다.

여하튼, 기초지수가 하락해야만 인버스 주가는 상승한다. 반대로 기초지수가 상승하면 인버스 종목의 주가는 하락한다.

A50지수에 비례하는 종목

국내 주식시장에서 A50지수에 정비례 및 반비례하는 종목을 (도표 2-27)에 정리했으니, 투자에 참고하기 바란다.

(도표 2-27) A50지수에 정비례 및 반비례하는 종목

종목명	종목코드	수수료율	상장주식수(천주)	거래량(주)
KODEX 중국본토 A50	169950	0.990%	1,500	20,028
삼성 China A50 선물 ETN(H)	530014	0.700%	2,000	171
삼성 레버리지 China A50 선물 ETN(H)	530023	1.500%	1,000	1,006
삼성 인버스 China A50 선물 ETN(H)	530002	0.700%	1,000	682

07
심천ChiNext지수에
정비례하는 종목

안정적 투자자를 위한 1배 정비례 종목

앞서 설명한 중국의 CSI300지수와 China A50지수는 상하이 및 선전 증권거래소에 상장된 기업 중에서 (시가총액 순서로 상위 300위 또는 50위 대기업을 대상으로) 시가총액을 비교하는 방식으로 산정한다. 반면에, 심천ChiNext지수는 (중소기업과 벤처기업 위주로 상장되어 우리나라의 코스닥 시장과 유사한) 선전 증권거래소에 상장된 전체 종목 중에서 시가총액 상위 100개 기업만을 대상으로 산정한다.

다음 두 차트를 비교해 보면서 1배 정비례 종목에 대해 살펴본다. (도표 2-28)은 5년간의 상하이 증권거래소의 종합주가지수 그래프이고 (도표 2-29)는 특정 종목의 주가 차트이다. 과거 5년 동안의 주가 변동을 비교하는 이유는 이 종목이 2016년 11월에 최초로 상장되었기 때문이다.

두 차트의 모양새를 비교하여 살펴보면, 주가의 등락 추세는 거의 유사하지만 그 진폭에서 약간의 차이가 난다. 원래 상하이 종합주가지수는 상하이 증권시장에 상장된 전체 기업의 시가총액으로 산정한다. 반면에, 심천ChiNext지수는 선전 증권시장에 상장된 전체 기업의 시가총액으로 측정한다. 중국의 주식시장이라는 공통점 이

(도표 2-28) 상하이 종합주가지수 : 5년간 주가 차트

(도표 2-29) KODEX 심천ChiNext(합성) (종목코드 : 256750)

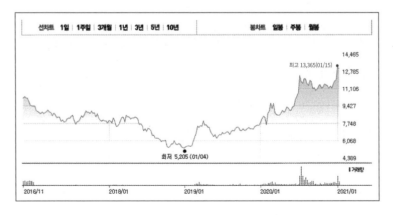

외에 대상이 되는 상장기업들의 유형과 규모 등이 전혀 상이한데도 불구하고, 두 그래프의 추세 변동이 거의 비슷하다는 특징이 눈에 띈다.

먼저 상하이 종합지수는 최저점인 2,464포인트에서 최고점 3,608포인트까지 46% 상승했다. 한편 심천ChiNext에 1배 정비례 하는 종목은 같은 기간 동안 주가 최저점인 5,205원에서 최고점인 13,365원까지 157% 상승했다. 증권시장의 특성상 상하이 종합주 가지수보다 심천ChiNext지수의 등락 폭이 극히 크다는 점에 주목 하라.

여하튼, 향후 중국의 주가지수가 상승할 것으로 전망되고, 고수익 률을 요구하는 공격적인 투자자에게 적합한 종목이라 하겠다. 다만, 과거의 급격한 주가 상승으로 인해 얻은 고수익은 미래 주가 하락에 따른 고손실 가능성으로 연결될 수 있다는 점만 명심하기 바란다.

1배 정비례 종목의 투자수익률

만약, 투자자가 이 종목을 매수했더라면 수익률은 어느 정도였을 까? 과거의 투자수익률을 (도표 2-30)에서 볼 수 있다. 기준가격이 란 주식시장에서 거래되면서 형성된 주가를, 기초지수는 이 ETF 종 목이 추종하는 주가지수(여기서는 심천ChiNext지수)를 말한다.

이 종목을 최초 상장 시점(2016년 11월)에 매수하여 현재까지 보 유한다면 수익률이 33.80%로 나타난다. 그 당시 1,000만 원을 투자했더라면 원금이 1,338만 원으로 늘어났다는 의미다.

이 종목에 투자할 때 유의할 사항이 하나 있다. 과거의 기간별 수익률은 1년이 (+)57.98%, 6개월이 (+)4.33%, 3개월이 (+)10.86%, 최근 1개월이 (+)16.62%를 기록했다. 이 차트에서와 같이, 기초지수가 꾸준히 상승 추세를 보일 때에는 '매수 후 보유'하는 투자 패턴이 수익률을 높이는 방법이다.

(도표 2-30) KODEX 심천ChiNext(합성)의 투자수익률

구분	1개월	3개월	6개월	1년	설정이후
기준가격	16.62%	10.86%	4.33%	57.98%	-
기초지수	18.66%	12.02%	7.15%	61.84%	33.80%

1배 정비례 종목의 구성 명세

중국의 ChiNext지수는 선전 증권거래소에 상장된 전체 종목 중에서 시가총액 상위 100개 종목을 대상으로 한다. 중국의 차세대 성장 동력으로 대표되는 주요 신기술 업체와 산업으로 구성되어 있어, 중국판 나스닥지수라고도 불리며 선전 증권거래소에서 직접 발표한다.

이 종목에 편입된 구성 명세는 (도표 2-31)과 같다. 그 기본적인 설계 원리는 매우 간단하다. 펀드가 보유한 운용자금의 많은 부분을 증권회사(이 사례에서는 NH투자증권, 미래에셋대우증권, 키움증권 등)에 스왑 방식으로 위탁한다. 즉, 이들 증권회사에 약정한 자금을 맡긴 후, 계약 기간이 만료되는 시점에 위탁한 투자 원금에 기초지수가 상승하면 1배만큼의 투자수익 (반면에 기초지수가 하락하면 1배만큼의 투자 손실)을 가산(차감)하여 되돌려 받는 방식이다.

(도표 2-31) KODEX 심천ChiNext(합성)의 구성 명세

No	종목명	종목코드	수량(주)	평가금액(원)	비중
1	설정현금액	CASH00000001		1,337,926,898	
2	원화예금	KRD010010001		3,726,851	
3	스왑 (NH투자증권)	SWAP00000004	848,741,541	848,741,541	63.61%
4	CSOP CHINET	3147 HK Equity	174,259	332,666,983	24.93%
5	스왑 (미래에셋대우)	SWAP00000005	127,905,769	127,905,769	9.59%
6	스왑(키움증권)	SWAP00000011	24,885,754	24,885,754	1.87%

참고로, 기초지수인 ChiNext지수에 포함된 100개 기업 중에서 (지면 관계상) 시가총액 상위 30개 종목을 나열하면 (도표 2-32)와 같다.

1위인 Contemporary Amperex Technology Co.,는 2011년에 설립된 전기 자동차 및 에너지 저장 시스템용 리튬 이온 전지를 제조하는 업체이다. 2위인 East Money Information Co.,는 중국 기업의 재무 및 주식 관련 정보를 제공하는 웹사이트를 운영하는 기업이다. 3위인 Shenzhen Mindray Bio-Medical Electronics Co.,는 초음파진단기를 포함하여 각종 의료기기를 생산 판매하는 기업이다. 4위인 Aier Eye Hospital Group Co.,는 2003년에 설립되어 각종 의료장비를 생산할 뿐만 아니라, 진료나 수술 등의 각종 의료서비스까지 제공하는 기업이다. 5위인 Shenzhen Inovance Technology Co.,는 주로 산업 현장에서 사용되는 인버터와 센서 등의 자동 통제장치를 주문받아 신규 개발, 제조, 설치, 서비스하는 신기술 기업이다.

(도표 2-32) 심천ChiNext지수의 구성 명세

No	종목명	지수 내 비중
1	Contemporary Amperex Technology Co., Limited	11.69%
2	East Money Information Co., Ltd.	6.78%
3	Shenzhen Mindray Bio-Medical Electronics Co., Ltd.	5.75%
4	Aier Eye Hospital Group Co., Ltd.	4.29%
5	Shenzhen Inovance Technology Co., Ltd.	3.39%
6	Chongqing Zhifei Biological Products Co., Ltd.	2.96%
7	EVE Energy Co., Ltd.	2.92%
8	Wens Foodstuff Group Co., Ltd.	2.90%
9	Hangzhou Tigermed Consulting Co., Ltd.	2.71%
10	Sungrow Power Supply Co., Ltd.	2.24%
11	Walvax Biotechnology Co., Ltd.	1.97%
12	Maxscend Microelectronics Company Limited	1.81%
13	Shenzhen Kangtai Biological Products Co., Ltd.	1.70%
14	Wuxi Lead Intelligent Equipment Co., Ltd.	1.63%
15	Mango Excellent Media Co., Ltd.	1.59%
16	Sangfor Technologies Inc.	1.51%
17	Lens Technology Co., Ltd.	1.35%
18	Yihai Kerry Arawana Holdings Co., Ltd.	1.33%
19	Chaozhou Three-Circle (Group) Co., Ltd.	1.28%
20	Centre Testing International Group Co., Ltd.	1.23%
21	Intco Medical Technology Co., Ltd.	1.14%
22	Shandong Sinocera Functional Material Co., Ltd.	1.10%
23	Thunder Software Technology Co., Ltd.	1.06%
24	Lepu Medical Technology (Beijing) Co., Ltd.	1.03%
25	Sunwoda Electronic Co., Ltd.	1.00%
26	Winning Health Technology Group Co., Ltd.	0.97%
27	Shenzhen Sunway Communication Co., Ltd.	0.95%
28	Jafron Biomedical Co., Ltd.	0.87%
29	Shenzhen Capchem Technology Co., Ltd.	0.86%
30	Songcheng Performance Development Co., Ltd.	0.86%

ChiNext지수에 정비례하는 종목

국내 주식시장에서 ChiNext지수에 1배 정비례하는 종목을 (도표 2-33)에 정리했으니, 투자에 참고하기 바란다. 특히 거래량이 많으면서 수수료율이 낮은 종목을 고르는 것이 좋다. 국내 주식시장에는 ChiNext지수에 대한 레버리지 종목이나 인버스(더블인버스 포함) 종목은 상장되지 않은 상태이다.

(도표 2-33) ChiNext지수에 정비례하는 종목

종목명	종목코드	수수료율	상장주식수(천주)	거래량(주)
ARIRANG 심천차이넥스트 (합성)	256450	0.500%	600	5,985
KODEX 심천ChiNext(합성)	256750	0.470%	5,800	192,261
미래에셋 중국 심천 100 ETN	590018	1.200%	2,000	511

08
차이나 HSCEI에
정비례하는 종목

안정적 투자자를 위한 1배 정비례 종목

지금까지 설명한 CSI300지수, China A50지수, 심천ChiNext지수
는 중국본토의 상하이 및 선전 증권거래소에 상장된 기업을 대상으로
산정한다. 한편, 차이나 HSCEI(Hang Seng China Enterprises Index)
는 홍콩 증권거래소의 메인보드(Main Board)에 상장된 50개의 중국
본토 우량주식으로 구성된 지수로서, 항생은행에서 발표한다.

다음의 두 차트를 비교해 보면서 1배 정비례 종목에 대해 살펴본
다. (도표 2-34)는 10년 동안의 홍콩 항생지수의 주가 그래프이다.
그리고 (도표 2-35)는 특정 종목의 주가 차트이다. 과거 10년 동
안의 주가 변동을 서로 비교하는 이유는 이 종목이 2007년 10월에
최초로 상장되었기 때문이다.

두 차트의 모양새를 비교해 보면, 주가의 등락 추세는 거의 유사하지만, 그 진폭에서 약간의 차이가 난다. 원래 항셍지수는 홍콩 증권거래소에 상장된 전체 기업의 시가총액으로 산정한다. 반면, 차이나 HSCEI는 같은 증권거래소에 상장된 중국본토 50개 우량주식만으로 구성된 지수이다.

먼저, 항셍지수는 10년 전에 16,250포인트(2011년 10월)에서 출

(도표 2-34) 항셍지수 : 과거 10년간 추세

(도표 2-35) KODEX China H (종목코드 : 099140)

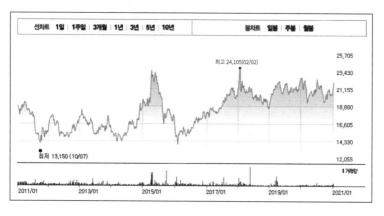

발하여 우상향하면서 주가지수 최고점인 33,154포인트(2017년 1월)에 도달하여 100%의 상승률을 기록했다. 하지만 우하향 추세가 이어지면서 14% 하락한 28,600포인트에서 박스권에 갇힌 상황이다.

다음으로 1배 정비례 종목의 주가도 최저점 13,150원 대비 83% 상승한 24,105원의 최고점에 도달한 후, 지속적으로 우하향하면서 최고점 대비 10% 하락한 22,000원 내외에서 등락을 거듭하고 있다.

1배 정비례 종목의 투자수익률

만약 투자자가 이 종목을 매수했더라면 수익률이 어느 정도였을까? 과거의 투자수익률은 (도표 2-36)과 같다. 기준가격이란 주식시장에서 거래되면서 형성된 주가를, 기초지수는 이 ETF 종목이 추종하는 주가지수(여기서는 차이나 HSCEI)를 말한다.

이 종목을 최초 상장 시점(2007년 10월)에 매수하여 현재까지 보유한다면 수익률이 3.84%로 나타났다. 그 당시 1,000만 원을 투자했더라면 38만 원의 수익만이 늘어난 것이다. 같은 기간에 기초지수는 도리어 (-)24.22% 하락한 상황이다.

이 종목의 기간별 수익률은 1년이 (-)3.72%, 6개월이 (-)1.79%, 3개월이 (+)7.80%, 최근 1개월이 (+)7.83%이다. 이 차트에서 보듯이, 최근 1년간 기초지수가 심하게 등락하면서, 이 종목의 주가도 크게 변동한 것을 알 수 있다.

기초지수가 단기간에 박스권에서 등락한다면, 단기 매매(저점 매

(도표 2-36) KODEX China H의 투자수익률

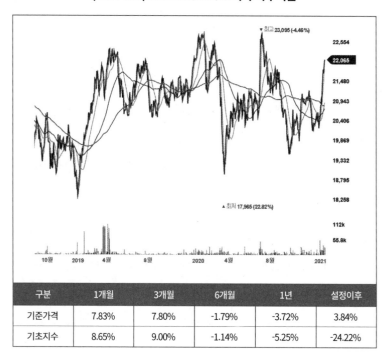

구분	1개월	3개월	6개월	1년	설정이후
기준가격	7.83%	7.80%	-1.79%	-3.72%	3.84%
기초지수	8.65%	9.00%	-1.14%	-5.25%	-24.22%

수, 고점 매도)하는 투자 패턴이 더 유리하다. 하지만 기초지수가 장기간에 걸쳐 상승 추세를 보이면 '매수 후 보유'하는 투자 패턴이 수익률을 높이는 방법이다. 각각의 상황에 맞춰 투자 패턴을 정할 필요가 있다.

1배 정비례 종목의 구성 명세

차이나 HSCEI에 포함되는 회사 중에서 (지면 관계상) 시가총액 상위 30개 종목을 나열하면 (도표 2-37)과 같다.

(도표 2-37) KODEX China H의 구성 내역

No	종목명	종목코드	수량(주)	평가금액(원)	비중
1	설정현금액	CASH00000001		2,185,161,658	0.00%
2	원화예금	KRD010010001		9,112,689	0.00%
3	TENCENT HOLD	700 HK Equity	2,469	208,397,228	9.53%
4	CCB(CHINA CONSTRUCTION BANK)	939 HK Equity	217,500	188,202,358	8.61%
5	PING AN	2318 HK Equity	12,000	171,643,440	7.85%
6	XIAOMI CORP-CLASS B	1810 HK Equity	27,200	127,118,112	5.81%
7	ICBC(INDUST&COMM BANK OF CHINA)	1398 HK Equity	148,063	105,682,157	4.83%
8	MEITUAN DIANPING	3690 HK Equity	2,463	103,387,301	4.73%
9	Alibaba group holding ltd	9988 HK Equity	2,769	87,762,225	4.01%
10	CHINA MOBILE	941 HK Equity	12,344	80,327,827	3.67%
11	CM Bank(CHINA MERCHANTS)	3968 HK Equity	7,844	63,597,151	2.91%
12	BANK OF CHINA	3988 HK Equity	159,375	61,392,270	2.81%
13	Geely Automobile Holdings Limited	175 HK Equity	11,813	54,705,695	2.50%
14	JD HEALTH INT	6618 HK Equity	2,197	45,177,403	2.07%
15	Anta Sports Products Ltd	2020 HK Equity	2,188	40,282,392	1.84%
16	CNOOC	883 HK Equity	35,813	39,053,145	1.79%
17	China Mengniu Dairy Co Ltd	2319 HK Equity	5,563	38,997,686	1.78%
18	SUNNY OPTICAL TECH	2382 HK Equity	1,431	38,565,859	1.76%
19	CHINA LIFE	2628 HK Equity	14,938	37,825,489	1.73%
20	SHENZHOU INT GROUP	2313 HK Equity	1,656	34,545,196	1.58%
21	SMIC Equity	981 HK Equity	8,656	32,117,603	1.47%
22	China Resources Enterprise	291 HK Equity	3,250	31,436,099	1.44%
23	JD.COM	9618 HK Equity	619	30,383,919	1.39%
24	China Resources Land Ltd	1109 HK Equity	6,500	28,904,642	1.32%
25	CHINA PACIFIC INSURANCE GR-H	2601 HK Equity	5,563	28,322,562	1.30%

No	종목명	종목코드	수량(주)	평가금액(원)	비중(%)
26	ENN ENERGY	2688 HK Equity	1,600	28,188,044	1.29%
27	SINOPEC(CHINA PET&CHEM)	386 HK Equity	49,250	27,689,896	1.27%
28	CHINA FEIHE	6186 HK Equity	8,938	27,531,140	1.26%
29	ALIBABA HEALTH INFO	241 HK Equity	8,125	25,487,174	1.17%
30	AGRICULTURAL BANK OF CHINA	1288 HK Equity	56,188	23,553,739	1.08%

1위는 TENCENT HOLD로서 중국 인터넷, 메신저, 온라인 미디어, 모바일 등의 서비스를 제공하는 기업으로, 한국의 네이버나 미국의 구글로 생각하면 된다. 2위는 CCB(CHINA CONSTRUCTION BANK)다. 일명 중국 건설은행으로서, 규모 측면에서 세계 2위인 대규모 상업은행이다. 3위는 평안보험(PING AN)이고, 4위는 다국적 전자 제품 제조업체인 샤오미(XIAOMI CORP) 순이다.

차이나 HSCEI에 편입된 종목의 업종별(섹터별) 시가총액 비중은 (도표 2-38)과 같다. 투자 비중이 높은 순으로 금융(31.66%), 임의 소비재(16.24%), 커뮤니케이션 서비스(14.27), 정보기술(8.70%) 등으로, 이들 4개 섹터의 비중이 70% 이상을 점한 상태이다.

(도표 2-38) 차이나 HSCEI의 업종(섹터)별 비중

업종비중

업종(섹터)	비중(%)
금융	31.66
임의소비재	16.24
커뮤니케이션 서비스	14.27
정보기술	8.70
부동산	6.18
필수소비재	4.85
헬스케어	3.89
에너지	3.64
유틸리티	3.22
기타	2.14

상위10종목

종목명	업종	비중(%)
TENCENT HOLD	커뮤니케이션 서비스	9.53%
CCB(CHINA CONSTRUCTION BANK)	금융	8.61%
PING AN	금융	7.85%
XIAOMI CORP-CLASS B	정보 기술	5.81%
ICBC(INDUST&COMM BANK OF CHINA)	금융	4.83%
MEITUAN DIANPING	임의 소비재	4.73%
Alibaba group holding ltd	임의 소비재	4.01%
CHINA MOBILE	커뮤니케이션 서비스	3.67%
CM Bank(CHINA MERCHANTS)	금융	2.91%
BANK OF CHINA	금융	2.81%

09
차이나 HSCEI에 정비례 및 반비례하는 종목

공격적 투자자를 위한 레버리지 종목

다음의 두 차트를 비교해 보면서 1배 정비례 및 레버리지 종목의 차이점에 대해 알아본다. (도표 2-39)는 차이나 HSCEI에 1배 정비례하는 종목이다. (도표 2-40)은 기초지수에 2배 정비례하는 종목이다. 당초 상호 일치하도록 두 종목을 설계했기에, 두 차트는 거의 같은 모습이라 할 수 있다.

하지만 두 차트를 비교해 보면, 일정한 기간마다 그 진폭의 크기에서 차이가 나고 있다. 원칙적으로 1배 정비례 종목보다 레버리지 종목의 진폭이 커야 하는데도 불구하고, 도리어 반대 상황을 보인다. 그 이유는 거래량 부족 등으로 인해 시장에서 형성된 주가가 그 본질 가치를 제대로 반영하지 못하는 경우, 이러한 차이를 보이기도 한다.

그러면 레버리지 종목의 수익률이 1배 정비례 종목의 수익률에 비해 2배가 되는지 검토해 보자. (도표 2-39)에서처럼, 1배 종목의 기간별 수익률은 1년이 (-)3.72%, 6개월이 (-)1.79%, 3개월이 (+)7.80%, 최근 1개월이 (+)7.83%를 기록했다.

반면에 (도표 2-40)에서처럼, 레버리지 종목의 기간별 수익률은 1년이 (-)7.67%, 6개월이 (+)13.57%, 3개월이 (+)28.55% 그리고 1개월이 (+)15.53%로 나타난다. 결국, 투자 기간이 짧을수록 레버리지의 수익률이 정비례 수익률의 2배에 근접하지만, 그 기간이 길어질수록 수익률의 차이가 들쭉날쭉한 결과를 낳고 있다.

(도표 2-39) KODEX China H (종목코드 : 099140)

구분	1개월	3개월	6개월	1년	설정이후
기준가격	7.83%	7.80%	-1.79%	-3.72%	3.84%
기초지수	8.65%	9.00%	-1.14%	-5.25%	-24.22%

(도표 2-40) KODEX China H 레버리지(H) (종목코드 : 204450)

구분	1개월	3개월	6개월	1년	설정이후
기준가격	15.53%	28.55%	13.57%	-7.67%	-23.00%
기초지수	8.20%	13.89%	8.59%	-0.49%	2.41%

여하튼, 차이나 HSCEI가 상승(하락)하면 1배 정비례 종목은 같은 비율로 상승(하락)하지만, 레버리지 종목의 주가는 그 2배만큼 상승(하락)한다.

안정적 투자자를 위한 인버스 종목

이번에는 기초지수가 하락해야 투자수익이 발생하는 종목을 살펴본다. 이들 종목명에는 항상 '반대 혹은 반비례'라는 뜻을 지닌 '인버스(inverse)'라는 명칭이 붙는다.

(도표 2-41) KODEX China H선물인버스(H) (종목코드 : 291660)1

구분	1개월	3개월	6개월	1년	설정이후
기준가격	-7.57%	-13.24%	-9.47%	-8.15%	-5.59%
기초지수	8.22%	14.24%	8.86%	2.64%	-4.86%

(도표 2-41)은 차이나 HSCEI에 1배 반비례하는 종목의 주가 그 래프이다. 앞서 설명한 (도표 2-39)의 1배 정비례 종목의 주가 차 트와는 언뜻 비교해 보아도, 서로 위아래가 뒤집힌 모습이라는 것 을 알 수 있다. 실제로 두 차트는 정확하게 반비례한다. 왜냐하면, 인버스 종목이 기초지수(혹은 정비례 종목)와는 상하가 뒤집히도록 설계되었기 때문이다.

과연 인버스 종목의 수익률이 1배 정비례 종목의 수익률에 비 해 기간별로 반비례하는지 알아보자. (도표 2-39)에서처럼, 1배 정 비례 종목의 기간별 수익률을 살펴보면 1년이 (-)3.72%, 6개월이

(-)1.79%, 3개월이 (+)7.80%, 최근 1개월이 (+)7.83%를 기록했다.

반면 (도표 2-41)의 인버스 종목의 수익률은 1년이 (-)8.15%, 6개월(-)9.47%, 3개월이 (-)13.24%, 최근 1개월(-)7.57%로 나타난다.

결국, 투자 기간이 짧을수록 인버스 종목의 마이너스(-) 수익률과 1배 정비례 종목의 플러스(+) 수익률이 서로 일치하지만, 기간이 길어질수록 그 상호 관계가 정확하게 반비례하지 않는다.

여하튼, 기초지수가 하락해야만 인버스 종목의 주가는 그만큼 상승한다. 반대로 기초지수가 상승하면 당연히 주가는 같은 비율만큼 하락하다. 향후 차이나 HSCEI가 하락할 것으로 전망되면 인버스 종목을 매수하라. 그러면 하락한 비율만큼의 투자이익을 얻게 될 것이다.

차이나 HSCEI에 비례하는 종목

국내 주식시장에서 차이나 HSCEI에 정비례 및 반비례하는 종목을 (도표 2-42)에 정리했으니, 투자에 참고하기 바란다. 현재 국내 주식시장에는 차이나 HSCEI에 2배 반비례하는 종목(더블인버스)는 거래되지 않고 있다.

(도표 2-42) 차이나 HSCEI에 정비례 및 반비례하는 종목

종목명	종목코드	수수료율	상장주식수(천주)	거래량(주)
TIGER 차이나HSCEI	245360	0.350%	5,800	12,792
KBSTAR 차이나HSCEI(H)	250730	0.400%	500	2,326
KODEX China H	099140	0.370%	1,600	11.434
KODEX China H 레버리지(H)	204450	0.640%	4,800	39,802
KODEX China H선물인버스(H)	291660	0.640%	500	1,094

(주1) 종목명 중간에 붙은 H는 홍콩 증권거래소에 상장된 중국 본토 기업에 투자한다는 의미임

(주2) 종목명 마지막에 표시된 (H)는 헤지(Hedge)의 약자로서, 선물환 등을 통해 환율이 변동하더라도 투자 수익에 영향을 미치지 않는다는 뜻임

제3장

유럽 주가지수에
투자해야 하는 종목들

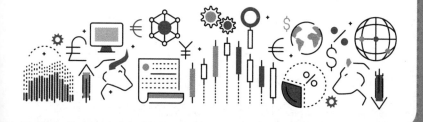

01
EuroStocks50지수에
정비례하는 종목

안정적 투자자를 위한 1배 정비례 종목

미국은 50개 주(州)가 모여 하나의 연방 국가가 되었다. 원래 국방이나 외교 등의 대외적인 측면은 연방 정부에서 담당하지만, (정치, 경제, 사회 등의) 대내적인 문제는 연방을 구성하는 각 주(州)의 독립성이 인정된다. 하지만 경제에서 가장 중요한 분야인 증권시장만은 뉴욕 증권거래소(NYSE)에서 통합 운용되고 있다. 원래 주식 등의 현물거래가 대부분 NYSE에서 이루어진다면, 주가지수나 상품 등의 선물거래는 1848년에 창립된 시카고거래소(Chicago Board of Trade, 상품거래소. 시카고선물거래소라고도 불림)에서 대부분 이루어진다.

한편 유럽은 경제 통합뿐만 아니라 (영국이나 스위스 등의 일부 지역을 제외하고) 유로화로 화폐까지 통합했지만, 주식시장은 아직 국가별로 별도 운영하고 있다. 마치 미국이 현재와는 달리 각 주별로 주식시장을 별도로 운용하는 방식과 유사하다.

유럽의 주식시장이 나라별로 운영되면서, 주가지수도 각 국가별로 따로 산정되고 있다. 일례로, 영국의 주가지수(FTSE 100), 프랑스의 주가지수(CAC 40), 독일의 주가지수(DAX 30), 러시아의 주가지수(RTS), 이탈리아의 주가지수(FTSE MIB) 등이 이에 해당한다.

미국의 다우지수와 유사한 유럽의 주가지수를 꼽으라면 Euro-Stocks50지수가 있다. 다시 말해, 다우지수가 뉴욕 증권거래소의 전체 상장기업 중에서 시가총액이 가장 큰 30개 종목만을 엄선하여 주가지수를 측정한다면, EuroStocks50지수는 유럽의 전체 주식시장에 상장된 수많은 종목 중에서 시가총액이 큰 50개 종목을 대상으로 주가지수를 측정한다.

다음 두 차트를 비교해 보면서 유럽 주가지수에 1배 정비례하는 종목에 대해 살펴본다. (도표 3-1)은 과거 5년간의 EuroStocks50지수의 변동 그래프이고, (도표 3-2)는 같은 기간 특정 ETF 종목의 주가 흐름도이다. 이 종목이 2014년 4월에 처음 상장되어 거래되었기 때문에, 과거 5년간의 주가 흐름을 비교한 것이다.

언뜻 보아도 두 차트의 모양새가 똑같아 보인다. 실제로 두 차트는 정확하게 그 모습이 일치해야만 한다. 당초 일치하도록 설계했기 때문이다.

우선, EuroStocks50지수는 과거 5년 전에 2,800포인트(2016년 1월)에서 출발하여 굴곡은 있었지만, 완만하게 우상향하면서 최고점인 3,865포인트(2020년 2월)에 도달했다. 그러나 (세계적으로 번진 코로나 사태로 인해) 한 달 만에 38% 폭락하여 2,385포인트(2020년 3월)까지 내려갔다. 그 후 급격한 V자형의 반등 양상을 보이면서 6개월 만에 40% 상승한 3,600포인트(2021년 1월)까지 회복했다.

(도표 3-1) EuroStocks50지수 : 5년간 주가 추세

(도표 3-2) TIGER 유로스탁스50(합성 H) (종목코드 : 195930)

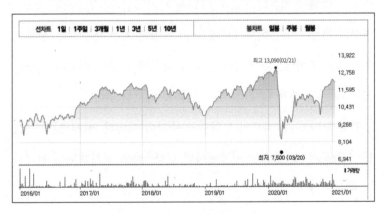

(도표 3-2)에서 보듯이, 유럽의 주가지수를 추종하는 이 종목의 주가도 기초지수와 비슷하게, 최고점인 13,090원에서 최저점인 7,500원까지 43% 하락한 후, 재차로 급반등하면서 최저점 대비 50% 상승했다.

원래 EuroStocks50지수의 등락률과 1배 정비례 종목의 주가 등락률은 서로 일치해야 한다. 다시 말해, 기초지수의 하락률이 38%라면 이 종목의 투자수익률도 (-)38%가 되어야 한다. 하지만 실제로 이 사례에서는 43% 하락했다. 또한 주가의 반등 국면에서도 기초지수가 40% 상승했지만, 이 종목의 주가는 50% 올랐다. 기간 수익률의 편차, 수익률의 복리 효과, 시장의 불완전성 등 여러 요인이 복합적으로 작용하면서 차이가 발생한 것이다.

정리하면, EuroStocks50지수가 5% 상승하면 1배 정비례 종목의 주가는 같은 비율인 5% 상승하고, 반대로 기초지수가 5% 하락하면 당연히 그만큼 하락한다. 향후 유럽 경제의 구조 조정과 이에 따른 기업들의 경영실적 호전이 예상된다면, 이 종목을 매수하라.

1배 정비례 종목의 투자수익률

투자자가 과거에 이 종목을 매수했더라면 기간별 수익률은 어느 정도였을까? (도표 3-3)에서 기간별 수익률의 흔적을 엿볼 수 있다. 기준가격이란 주식시장에서 형성되는 주가의 기준 금액을, 기초지수는 이 종목이 추종하는 주가지수(이 사례에서는 EuroStocks50지수)를 말한다.

이 종목을 최초 상장 시점(2014년 4월)에 매수하여 현재까지 보유했더라면 수익률이 21.22%로 나타났다. 당시 1,000만 원을 투자했더라면 원금이 1,212만 원으로 늘었다는 뜻이다. 실제로, 같은 기간의 기초지수는 14.47% 상승했다.

이 종목에 투자할 때 유의할 점이 있다. 과거 기간별 수익률을 보면, 1년이 (-)4.79%, 6개월이 (+)6.98%이며, 3개월이 (+)11.04%이고, 최근 1개월이 (+)1.21%를 기록했다. 과거 1년 동안 기초지수와 이 종목의 주가가 거의 비슷한 수준에서 같이 등락했다는 뜻이다.

(도표 3-3) TIGER 유로스탁스50(합성 H)의 투자수익률

구분	1개월	3개월	6개월	1년	설정이후
기준가격	1.21%	11.04%	6.98%	-4.79%	21.22%
기초지수	1.17%	11.01%	7.05%	-4.54%	14.47%

주가지수가 일정 기간 박스권에서 등락을 반복한다면, 단기 매매
(저점 매수, 고점 매도)하는 투자 패턴이 더 유리하다. 하지만 주가지
수가 장기간에 걸쳐 상승세를 보이면 '매수 후 보유'하는 투자 패턴
이 수익률을 높이는 방법이다. 따라서 상황에 맞춰 투자 패턴을 정
할 필요가 있다.

1배 정비례 종목의 구성 명세

EuroStocks50지수는 유럽 주식시장에 상장된 전체 종목 중에서
엄선된 50개 회사의 시가총액을 이용하여 산정한다. 실제로 주가지
수를 추종하는 ETF 종목은 크게 2가지 방식으로 설계할 수 있다.

첫째, 현물 주식을 매수하여 운용하는 방식이다. 즉, EuroStocks50
지수에 포함된 50개 종목 전체를 시가총액 비중에 맞춰 편입시키는
것이다. (도표 3-4)는 기초지수를 약간 변형시킨 EuroStocks배당
30지수를 추종하는 종목에 포함된 구성 명세를 예시한 자료이다.

이 종목에 편입된 회사들의 업종별 시가총액 비중은 (도표 3-5)
와 같다. 시가총액 순으로는 금융업(25.82%), 부동산(13.67%), 임
의소비재(13.32%) 등으로, 이들 3개 섹터의 비중이 절반 이상
(54.81%)을 차지하고 있다.

이 종목에 편입된 회사들의 국가별 시가총액 비중은 (도표 3-6)
과 같다. 유럽에서 경제 비중이 가장 큰 독일의 시가총액이 가장 높

(도표 3-4) TIGER 유로스탁스배당30의 구성 명세

No	종목명	수량(주)	평가금액(원)	비중(%)
1	Aegon NV	19,763	96,646,946	8.64
2	NN Group NV	1,140	55,612,525	4.97
3	Covivio	541	54,378,012	4.86
4	Deutsche Post AG	840	48,339,508	4.32
5	Telecom Italia SpA/Milano	87,862	47,420,897	4.24
6	Publicis Groupe SA	743	44,680,243	3.99
7	ESTX SelDiv30 F Mar21	2	44,407,528	3.97
8	BASF SE	462	41,630,357	3.72
9	Nokian Renkaat Oyj	955	38,740,266	3.46
10	Porsche Automobil Holding SE	509	38,634,282	3.45
11	Bayerische Motoren Werke AG	417	38,593,410	3.45
12	TOTAL SE	776	38,279,956	3.42
13	AXA SA	1,354	35,643,192	3.19
14	Klepierre SA	1,435	34,877,317	3.12
15	Fortum Oyj	1,202	33,784,057	3.02
16	TAG Immobilien AG	943	31,573,899	2.82
17	Evonik Industries AG	869	31,043,677	2.77
18	Volkswagen AG	151	30,504,250	2.73
19	Sampo Oyj	648	30,323,365	2.71
20	Snam SpA	4,961	29,429,247	2.63
21	Siemens AG	183	29,396,289	2.63
22	EDP - Energias de Portugal SA	4,107	29,387,069	2.63
23	Assicurazioni Generali SpA	1,435	27,679,803	2.47
24	Allianz SE	102	27,389,667	2.45
25	Gecina SA	161	26,201,642	2.34
26	Proximus SADP	1,118	25,547,121	2.28
27	Kesko Oyj	895	25,453,824	2.28
28	Muenchener Rueckversicherungs-Gesellschaft AG in Muenchen	76	24,128,668	2.16
29	Orange SA	1,777	22,922,221	2.05
30	Koninklijke Ahold Delhaize NV	673	21,501,234	1.92
31	Neles Oyj	691	9,890,553	0.88
32	원화예금	49,167,110	49,167,110	4.39

(도표 3-5) EuroStocks30지수의 업종(섹터)별 비중

업종비중

업종(섹터)	비중(%)
금융	25.82
부동산	13.67
임의소비재	13.32
커뮤니케이션 서비스	12.67
유틸리티	8.25
산업	7.61
소재	6.44
필수소비재	4.23
에너지	3.35

상위10종목

종목명	업종	비중(%)
Aegon NV	금융	8.64
NN Group NV	금융	4.97
Covivio	부동산	4.86
Deutsche Post AG	산업	4.32
Telecom Italia SpA/Milano	커뮤니케이션 서비스	4.24
Publicis Groupe SA	커뮤니케이션 서비스	3.99
BASF SE	소재	3.72
Nokian Renkaat Oyj	임의소비재	3.46
Porsche Automobil Holding SE	임의소비재	3.45
Bayerische Motoren Werke AG	임의소비재	3.45

고(30.71%), 그다음의 경제 규모를 자랑하는 프랑스(23,20%), 일명 강소대국(작지만 강한 나라)이라 할 수 있는 네덜란드(14.60%)와 핀란드(12.18%) 등의 순이었다.

둘째, 자산운용회사가 증권회사와 스왑 거래를 체결하는 방식이다. 이에 따라 편입된 구성 명세를 살펴보면 (도표 3-7)과 같다.

펀드에 보유한 일부 운용자금을 증권회사(이 사례에서는 메리츠증권, 미래에셋대우증권 등)에 스왑 방식으로 위탁하여 운용시킨다. 즉, 계약한 투자금액을 증권회사에 맡기고 나서, 일정 기간이 지나면 예탁한 원금에 기초지수의 상승률만큼의 투자수익 (반면에 기초지수

(도표 3-6) EuroStocks30지수의 국가별 비중

국가비중

국가	비중(%)
독일	30.71
프랑스	23.20
네덜란드	14.60
핀란드	12.18
이탈리아	9.83
포르투갈	2.61
벨기에	2.24

상위10종목

종목명	업종	비중(%)
Aegon NV	네덜란드 보험회사	8.64
NN Group NV	네덜란드 투자회사	4.97
Covivio	프랑스 부동산 개발회사	4.86
Deutsche Post AG	독일 통신회사	4.32
Telecom Italia SpA/Milano	이탈리아 통신회사	4.24
Publicis Groupe SA	프랑스 광고회사	3.99
BASF SE	독일 석유화학회사	3.72
Nokian Renkaat Oyj	핀란드 타이어 제조회사	3.46
Porsche Automobil Holding SE	독일 자동차회사 (포르셰)	3.45
Bayerische Motoren Werke AG	독일 자동차회사 (BMW)	3.45

가 하락하면 그 비율만큼의 투자 손실)을 가산(차감)하여 되돌려 받는 방식이 스왑거래이다. 나머지 자금은 투자은행이 설계하여 미국 주식시장에서 운영하는 ETF 종목(iSHARES CORE EURO STOXX50)을 매수하는 방식이다.

(도표 3-7) TIGER 유로스탁스50(합성 H)의 구성 명세

No	종목명	수량(주)	평가금액(원)	비중(%)
1	스왑(메리츠증권)_490151		747,150,454.01	61.63
2	스왑(미래에셋대우)_490151		255,806,422.97	21.1
3	ISHARES CORE EURO STOXX50 DE	3,266	158,017,993.57	13.04
4	원화현금		51,268,528	4.23

EuroStocks50지수에 정비례하는 종목들

국내 주식시장에서 EuroStocks50지수에 1배 정비례하는 종목을 (도표 3-8)에 정리했으니, 투자에 참고하기 바란다.

(도표 3-8) EuroStocks50지수에 1배 정비례하는 종목

종목명	종목코드	수수료율	상장주식수(천주)	거래량(주)
TIGER 유로스탁스배당30	245350	0.350	1,200	14,716
TIGER 유로스탁스50(합성 H)	195930	0.250	7,000	51,102

(주1) 종목명 마지막에 표시된 (합성)은 현물 주식과 주가지수 선물을 혼합하여 운용하고 있다는 것임
(주2) 종목명 마지막에 표시된 (H)는 헤지(Hedge)의 약자로서, 선물환 등을 통해 환율이 변동하더라도 투자수익에 영향을 미치지 않는다는 뜻임

02
EuroStocks50지수에
2배 정비례하는 종목

공격적 투자자를 위한 레버리지 종목

다음의 두 차트를 비교해 보면서 레버리지 종목에 대해 알아보자. (도표 3-9)는 앞 절에 나온 EuroStocks50지수에 1배 정비례하는 종목의 차트이고, (도표 3-10)은 같은 기간 동안 레버리지 종목의 주가 그래프이다. 두 차트의 모양새는 유사하지만, 그래프의 높낮이에서 차이가 난다.

그 차이점인 주가의 진폭에 관해 알아보자. 이 사례에서 1배 정비례 종목의 주가 최고점은 13,090원이고 최저점은 7,500원이다. 만약, 최고점에서 매수하여 최저점에서 매도했다면 투자수익률이 (-)42%로 나타난다. 반대로 주가가 폭락한 최저점에서 매수하여 급반등한 최고점에서 매도했다면, 투자수익률이 (+)75%가 된다.

한편, 같은 기간 레버리지 종목의 주가 최고점은 10,150원이고 최고점은 3,090원이다. 만약 주가 최고점에서 매수하여 최저점에 매도했다면 (-)70%의 투자 손실을, 반대로 매매하는 상황이라면 투자수익률이 (+)228%로 나타난다.

(도표 3-9) TIGER 유로스탁스50(합성 H) (종목코드 : 195930)

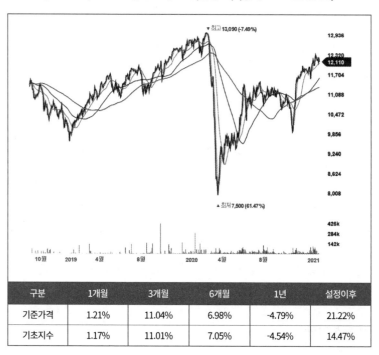

구분	1개월	3개월	6개월	1년	설정이후
기준가격	1.21%	11.04%	6.98%	-4.79%	21.22%
기초지수	1.17%	11.01%	7.05%	-4.54%	14.47%

원래 레버리지 종목의 수익률(손실률)은 1배 정비례 종목에 대비하여 2배 내외를 달성해야 한다. 다시 말해, 이 사례에서처럼 일정 기간에 1배 정비례 종목의 수익률이 (-)42%라면, 레버리지 종목은

(도표 3-10) TIGER 유로스탁스 레버리지(합성 H) (종목코드 : 225050)

구분	1개월	3개월	6개월	1년	설정이후
기준가격	2.22%	20.93%	11.50%	-19.78%	-21.96%
기초지수	1.17%	11.01%	7.05%	-4.54%	-21.01%

2배인 (-)84%의 손실을 기록해야 한다. 하지만, 실제로 (-)70%의 투자 손실을 보임에 따라 차이가 나고 있다. 기간 수익률의 편차, 복리 효과, 주식시장의 불완전성 등 여러 요인이 복합적으로 작용했기 때문이다.

여하튼, EuroStocks50지수가 5% 상승하면 레버리지 종목의 주가는 그 2배인 10%만큼 상승한다. 반대로 기초지수가 예측과 달리 하락하면 레버리지 종목의 주가는 2배인 10% 내외로 하락한다.

향후 유럽 기업의 주가가 상승할 것이 거의 확실하고, 그 상승률의 2배에 달하는 수익률을 원한다면 과감하게 레버리지 종목을 매수하라. 그 후에 원하는 수익률을 달성하면 매도하라. 하지만 애초의 전망과는 달리 이 종목을 매수한 상황에서 지속적인 하락세를 보인다면 즉시 손절매하라.

레버리지 종목의 구성 명세

원래 1배 정비례 종목은 전체 투자금액을 기초지수를 구성하는 종목의 시가총액 비중에 따라 분산 투자하거나, 또는 주가지수 선물을 매수하는 방식으로 운용한다. 그러면 레버리지 종목은 어떻게 설계했기에 2배의 수익률이 날까?

원래, 레버리지가 보유한 종목의 구성 명세를 열거해보면 (도표 3-11)과 같다. 그 기본적인 설계 원리는 극히 간단하다. 투자자금 중 절반은 기초지수를 1배 정비례하는 ETF 종목(TIGER 유로스탁스 50(합성 H)과, ISHARES CORE EURO STOXX50 DE)을 매수한다.

나머지 절반의 자금을 증권회사(이 사례에서는 한국투자증권, 메리츠증권, 미래에셋대우증권 등)에 스왑 거래를 통해 위탁 운용한다. 다시 말해, 당초 약정한 투자금액을 관련 증권회사에 맡기고 나서, 계약 기간이 지난 후에 예탁한 투자 원금에 기초지수가 상승한 비율만큼의 투자수익 (기초지수가 하락하면 그만큼의 투자 손실)을 가산 (차감)하여 되돌려 받는 운용 방식이 바로 스왑이다. 이 종목의 주가가 기초지수의 변동에 2배 정비례하여 움직이는 것은 이런 이유에서다.

(도표 3-11) TIGER 유로스탁스 레버리지(합성 H)

No	종목명	수량(주)	평가금액(원)	비중(%)
1	TIGER 유로스탁스50(합성 H)	8,798	107,247,620	13.74
2	스왑(한국투자증권)_490162		46,209,240.20	5.92
3	ISHARES CORE EURO STOXX50 DE	778	37,641,763.32	4.82
4	스왑(미래에셋대우)_490162		25,580,868.65	3.28
5	스왑(메리츠증권)_490162		11,689,410.55	1.5
6	원화현금	1	552,072,253	70.74

EuroStocks50지수에 2배 정비례하는 종목

국내 주식시장에서 EuroStocks50지수에 2배 정비례하는 종목을 (도표 3-12)에 정리했으니 투자에 참고하기 바란다. 특히 거래량이 많으면서 수수료율이 낮은 종목을 선택하여 투자하는 것이 좋다.

(도표 3-12) EuroStocks50지수에 2배 정비례하는 종목

종목명	종목코드	수수료율	상장주식수(천주)	거래량(주)
TIGER 유로스탁스 레버리지 (합성 H)	225050	0.590	2,000	9.741
TRUE 레버리지 유로스탁스50 ETN(H)	570026	1.500	2,000	3,561

03
EuroStocks50지수에
반비례하는 종목

안정적 투자자를 위한 1배 반비례 종목

이번에는 EuroStocks50지수가 하락해야 이익이 나는 종목을 알아본다. 이들 종목 이름에는 '반대 혹은 반비례'라는 의미의 '인버스 (inverse)'가 붙어 있어, 쉽게 찾을 수 있을 것이다.

(도표 3-13)과 (도표 3-14)를 비교해 보면서 인버스 종목에 대해 살펴본다. 언뜻 보아도 두 차트의 모습이 위아래로 뒤집혀 있다는 것을 알 수 있다. 실제 두 차트는 반비례하는 상태에 있다. 예를 들어, 기초지수가 상승(하락)하면 인버스 종목의 주가는 하락(상승)하도록 설계되었기 때문이다.

(도표 3-13)에서 주가지수는 과거 1년 동안에 최고점인 3,867포인트(2020년 2월)에서 한 달 만에 2,302포인트(2020년 3월)로 대략

40% 폭락했다. 그 후 계속 우상향하면서 3,600포인트에 도달해 전

고점의 90% 수준까지 회복했다.

(도표 3-14)는 같은 기간의 인버스 종목의 주가 차트이다. 과거

1년 동안 주가 움직임을 비교하는 이유는 이 종목이 2018년 3월에

최초 상장되었기 때문이다. 이 종목의 주가는 최저점 7,700원(2020

년 2월)에서 한 달 만에 62% 상승한 최고점 12,525원(2020년 3월)

(도표 3-13) EuroStocks50지수 : 1년간 주가지수 추세

(도표 3-14) TRUE 인버스 유로스탁스50 ETN(H) B (종목코드 : 570025)

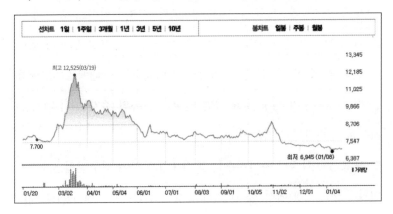

까지 급상승했다. 하지만 기초지수가 급격하게 반등하자 인버스 종목은 급락하면서 전저점보다 더욱 낮은 신저점인 6,945원까지 내려간 상황이다.

원래 인버스 종목의 특성상, 기초지수의 하락률인 40%와 이 종목의 수익률 62%는 같거나 혹은 거의 유사해야 한다. 하지만 실제로 큰 차이가 나고 있다. 기간 수익률의 차이, 복리 효과 등 여러 요인으로 인해 편차가 발생했기 때문이다.

여하튼, 기초지수가 5% 상승하면 인버스 종목의 주가는 같은 비율만큼 하락하고, 반대로 기초지수가 하락하면 그 비율만큼 상승한다.

향후 유럽의 주가지수가 하락하리라 판단되면 이 종목을 매수하라. 그 후 기초지수가 많이 하락했기에, 앞으로 상승할 것으로 기대되면 매도하여 이익을 확정하라.

1배 반비례 종목의 투자수익률

투자자가 이 종목에 투자했더라면 기간별 수익률은 어느 정도였을까? 최초 거래되기 시작한 시점(2018년 3월)에 매수하여 현재까지 보유한다면, 이익은커녕 도리어 (-)30.07%의 손실을 기록했다. 당시 1,000만 원을 매수했더라면 (300만 원이 줄어들어) 투자 원금이 700만 원으로 감소했다는 뜻이다. 같은 기간에 기초지수가 26% 상승했기 때문이다.

이 종목에 투자할 때 유의할 점이 있다. 과거 기간별 수익률을 보면, 1년이 (-)9.05%, 6개월이 (-)9.69%이며, 3개월이 (-)12.28%이고, 최근 1개월이 (-)2.83%를 기록했다. 과거 1년 동안 이 종목의 주가가 꾸준히 하락했다는 뜻이다. 이와 같이 주가가 하락세를 지속하는 상황에서는 과감하게 손절매하는 결단이 요구된다.

또한 투자 기간이 짧을수록 기초지수의 등락률과 인버스 종목의 주가 등락률이 거의 반비례하는 데 반해, 기간이 길어질수록 편차가 커지는 양상이다.

(도표 3-15) TRUE 인버스 유로스탁스50 ETN(H) B의 투자수익률

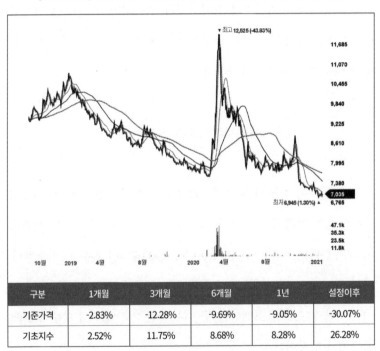

구분	1개월	3개월	6개월	1년	설정이후
기준가격	-2.83%	-12.28%	-9.69%	-9.05%	-30.07%
기초지수	2.52%	11.75%	8.68%	8.28%	26.28%

04
EuroStocks50지수에
2배 반비례하는 종목

공격적 투자자를 위한 더블인버스 종목

이번에는 공격적 투자자를 위해 2배 인버스 종목을 알아본다. 속칭 '더블인버스' 혹은 '곱버스'라고 부른다. 더블인버스 종목은 앞절에서 설명한 인버스 종목과 거의 유사하다. 단지 기초지수가 5% 하락하면, 더블인버스 종목의 주가는 그 2배인 10% 내외로 상승한다는 차이만 있다. 반대로, 기초지수가 5% 상승하면 당연히 주가는 2배인 10% 하락한다. 수익률도 두 배, 위험도 두 배라는 점에서 공격적 투자자에게 적합한 종목이다.

다음 두 차트를 비교해 보면서 더블인버스에 관해 알아본다. (도표 3-16)은 인버스 종목의 주가 차트이고, (도표 3-17)은 더블인버스 종목의 주가 그래프이다. 주가가 서로 같은 방향으로 움직이도록 두 종목을 설계했기에, 두 차트는 주가의 진폭만을 제외하고 그 모양새가 같을 수밖에 없다.

그 차이점인 주가 진폭에 대해 알아본다. 같은 기간의 인버스 종목의 주가 최고점은 12,525원이고 최저점은 6,945원이다. 만약에 최고점에서 매수하여 최저점에서 매도했다면 (-)45%의 손실을 보게 된다. 반면에, 최저점에서 매수하여 최고점에서 매도했다면 (+)80%의 이익을 실현하게 된다.

한편, 같은 기간에 더블인버스의 주가 최고점은 17,240원이고 최저점은 4,335원이다. 만약, 최고점에서 매수하여 최저점에 매

(도표 3-16) TRUE 인버스 유로스탁스50 ETN(H) B의 투자수익률

구분	1개월	3개월	6개월	1년	설정이후
기준가격	-2.83%	-12.28%	-9.69%	-9.05%	-30.07%
기초지수	2.52%	11.75%	8.68%	8.28%	26.28%

(도표 3-17) TRUE 인버스 2X 유로스탁스50 ETN(H)의 투자수익률 (종목코드 : 570027)

구분	1개월	3개월	6개월	1년	설정이후
기준가격	-5.50%	-23.28%	-19.84%	-24.45%	-55.90%
기초지수	2.52%	11.75%	8.68%	8.28%	26.28%

도했다면 손실이 (-)75%이고, 반대의 상황에 따라 거래했다면 (+)298%의 투자 이익을 얻는다.

원래 더블인버스 종목은 인버스 종목의 투자수익률 대비 2배를 기록해야 한다. 이 사례에서와 같이, 대상 기간의 인버스의 수익률이 (-)45%라면, 더블인버스는 그 2배인 (-)90%의 손실을 보게 된다. 하지만 이보다 낮은 (-)75%를 기록했다.

이와 관련하여 기간별 수익률을 비교해 보자. 인버스 종목의 기간별 수익률은 1년이 (-)9.05%, 6개월이 (-)9.69%, 3개월이

(-)12.28%이고, 최근 1개월이 (-)2.83%를 기록했다. 한편 더 블인버스 종목의 기간별 수익률은 1년이 (-)24.45%, 6개월이 (-)19.84%, 3개월이 (-)23.28%이고, 최근 1개월이 (-)5.50%를 기록했다. 이로 미루어, 투자 기간이 짧을수록 더블인버스 종목의 등락률은 인버스 종목의 등락률의 2배에 근접하지만, 기간이 길어질수록 그 상호 관계가 희박해진다는 점에 유의하자.

EuroStocks50지수에 반비례하는 종목

국내 주식시장에서 거래되는 EuroStocks50지수에 반비례하는 종목들을 (도표 3-18)에 정리했으니, 투자에 참고하기 바란다.

(도표 3-18) EuroStocks50지수에 반비례하는 종목

종목명	종목코드	수수료율	상장주식수(천주)	거래량(주)
TRUE 인버스 유로스탁스50 ETN(H) B	570025	0.900	1,000	706
TRUE 인버스 2X 유로스탁스50 ETN(H)	570027	1.200	2,000	26,651

제4장

일본 주가지수에 투자해야 하는 종목들

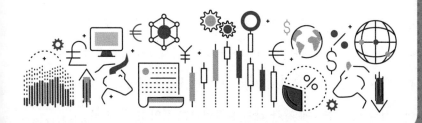

01
Nikkei225지수에
정비례하는 종목

안정적 투자자를 위한 1배 정비례 종목

해외지수에 투자하라는 것은 세계 여러 나라의 주가지수가 변동하면 이에 따라 주가가 같이 변동하는 ETF 종목에 투자하라는 말과 같다. 이 절에서는 일본 주가지수에 투자하는 종목에 대해 알아본다.

일본은 한국과 가장 가까운 위치에 있어 서울은 도쿄와 같은 시간대에 걸쳐있다. 이에 따라 도쿄 주식시장은 서울 주식시장과 같은 시간에 개장(오전 9시)하고, 거의 같은 시간대에 폐장(도쿄는 오후 3시이고, 서울은 오후 3시 30분)한다. 국내 주식시장에서 거래되는 일본 주가지수 ETF 종목의 주가는 같은 시간대에 개장하는 도쿄 주식시장의 시세 변동에 따라 같이 움직인다는 점이 큰 특징이다.

도쿄 증권거래소의 주가지수로는 Nikkei225지수와 TOPIX가 있다. 그 어떤 주가지수에 투자하더라도 반드시 선택이 요구된다. 향후 주가지수가 상승할지 하락할지를 전망해야 한다는 것이다. 왜냐하면, 주가지수가 상승할 것이라면 정비례 종목에, 반대로 하락할 것이라면 반비례 종목에 배팅해야 하기 때문이다.

다음 두 차트를 비교해 보면서 Nikkei225지수에 정비례하는 종

(도표 4-1) Nikkei225지수 : 5년간 주가지수 추세

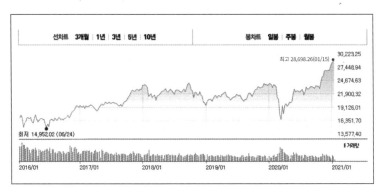

(도표 4-2) TIGER 일본니케이225 (종목코드 : 241180)

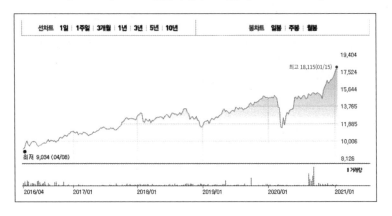

목에 관해 알아본다. (도표 4-1)은 과거 5년 동안 Nikkei225지수의 그래프이고, (도표 4-2)는 특정 ETF 종목의 주가 흐름도이다. 과거 5년간의 주가 변동을 서로 비교하는 이유는 이 ETF 종목이 2016년 3월에 처음 상장되었기 때문이다.

언뜻 보아도 두 차트의 모양새가 거의 유사해 보인다. 실제로 두 차트는 그 모습이 서로 일치해야만 한다. 당초 일치하도록 설계했기 때문이다.

상단의 차트에서 Nikkei225지수는 5년 전에 최저점인 14,952포인트(2016년 6월)에서 시작하여 크고 작은 진폭을 보이면서 꾸준히 우상향하여 최고점인 28,698포인트(2020년 1월)에 도달했다. 5년간에 걸쳐 92%(연간 단순평균 18%) 상승했다. 하단의 ETF 종목의 주가도 같은 기간에 최저점 9,034원에서 최고점 18,115원까지 100% 상승했다.

원래 기초지수의 등락률과 1배 정비례 종목의 등락률은 서로 일치해야 한다. 예를 들어, 이 사례에서 기초지수의 상승률이 92%라면 이 종목도 같은 비율만큼(실제로는 100%) 상승해야 한다. 하지만 이 두 수치 간에 차이가 나는데 그 이유는 기간 수익률의 편차, 수익률의 복리 효과 등 여러 요인이 복합적으로 작용했기 때문이다

하여튼, Nikkei225지수가 5% 상승하면 1배 정비례 ETF 종목의 주가는 같은 비율만큼 상승하고, 반대로 5% 하락하면 그 비율만큼 하락한다. 앞으로 일본의 주가지수가 상승할 것으로 전망하는 투자자는 이 종목을 매수하라. 그 후 원하는 만큼의 수익률을 달성하였

고 하락 반전할 것으로 전망되면, 매도하여 투자이익을 확정하라.

1배 정비례 종목의 투자수익률

투자자가 이 종목에 투자했더라면 기간별 수익률은 어느 정도일까? (도표 4-3)에서 과거의 기간별 투자수익률을 엿볼 수 있다. 기준가격이란 주식시장에서 형성된 주가의 기준 금액을, 기초지수는

(도표 4-3) TIGER 일본니케이225의 투자수익률

구분	1개월	3개월	6개월	1년	설정이후
기준가격	5.00%	18.13%	17.89%	19.98%	84.78%
기초지수	6.60%	18.38%	18.93%	20.04%	72.50%

이 종목이 추종하는 주가지수를 말한다. 각각의 금액과 지수를 기준으로 수익률을 계산하고 있다.

이 종목이 처음 상장된 시점(2016년 3월)에 매수하여 현재까지 보유한다면 수익률이 84.78%로 나타났다. 당시 1,000만 원을 투자했더라면 원금이 1,848만 원으로 늘었다는 것이다. 실제로 같은 기간에 기초지수는 72.50% 상승했다.

이 종목의 기간별 수익률을 검토해 보면, 1년이 (+)19.98%, 6개월이 (+)17.89%이며, 3개월이 (+)18.13%, 최근 1개월이 (+)5.00%를 기록했다. 이와 같이 주가지수가 꾸준히 상승세를 보이는 경우 '매수 후 보유'하는 투자 패턴이 수익률을 높이는 방법이다.

1배 정비례 종목의 구성 내역

원래 Nikkei225지수는 일본 최대의 경제 신문사인 니혼게이자이신문사(日本經濟新聞社)가 1975년 5월부터 산정하여 발표하는 주가지수이다. 도쿄증권거래소에 상장된 제1부 종목 중 유동성이 높은 225개의 종목을 대상으로 주가지수를 산정한다. Nikkei는 일경(日經)의 영문 글자이다.

전 세계 대부분 주가지수는 시가총액비교법에 따라 산정한다. 예를 들어, 기준시점의 시가총액을 100포인트(혹은 1,000포인트)로 정한 후 특정 시점의 시가총액을 비교하는 방식이 시가총액비교법이다. 일례로 기준시점의 시가총액이 100조 엔이고 비교 시점의 시가총액이 2,000조 엔이면 시가총액비교법에 따른 주가지수는 2,000 포인트로 산정한다.

반면에, 미국의 다우지수와 일본의 Nikkei225지수만은 단순평균 주가법에 따라 측정한다. 예를 들어, 미국의 다우지수는 뉴욕증권거래소에 상장된 종목 중에서 시가총액이 큰 30개 종목의 주가평균 값으로, 그리고 일본의 Nikkei225지수는 도교 증권거래소에 상장된 1부 종목 중 225개 종목의 주가평균 값에 따라 주가지수를 산정한다. 예를 들어, 이 주가지수가 26,000포인트라는 것은 225개 주가의 평균값이 26,000엔(한국 원화로는 약 26만 원)이라는 뜻이다.

일본의 Nikkei225지수에 포함되는 225개 종목 중 시가총액 상위 30개 회사명과 시가총액 비중은 (도표 4-4)와 같다.

1위인 Fast Retailing Co Ltd는 세계적인 중저가 의류 메이커인 유니클로의 모회사이다. 2위인 SoftBank Group Corp는 일본 최대의 IT 회사로서 손정의 회장의 회사로 널리 알려져 있다. 그룹 내 계열사로는 대형 통신사, 소프트 모바일, 소프트 커머스, 야후 재팬, 스프린트 등이 있다. 3위인 Tokyo Electron Ltd는 반도체 제조 설비 메이커이고, 4위인 FANUC Corp(화낙)는 공장 자동화 설비(공작 기계용 CNC설비 등) 제조업체이다.

Nikkei225지수에 포함되는 기업들의 업종별(섹터별) 시가총액 비중을 살펴보면 (도표 4-5)와 같다. 임의소비재(20.32%), 산업재(17.30%), 정보 기술(16.14%), 헬스케어(13.71%), 커뮤니케이션 서비스(10.77%) 순서로, 이들 5개 섹터의 비중이 77%를 점하고 있다.

(도표 4-4) TIGER 일본니케이225의 구성 명세

No	종목명	수량(주)	평가금액(원)	비중(%)
1	Fast Retailing Co Ltd	200	191,286,696	10.85
2	SoftBank Group Corp	1,200	108,181,628	6.13
3	NIKKEI 225 MINI MAR 031	3.14	93,847,954	5.32
4	Tokyo Electron Ltd	200	91,646,281	5.2
5	FANUC Corp	200	57,019,169	3.23
6	M3 Inc	485	52,578,130	2.98
7	Daikin Industries Ltd	200	48,802,386	2.77
8	KDDI Corp	1,200	41,119,960	2.33
9	Shin-Etsu Chemical Co Ltd	200	40,002,477	2.27
10	Advantest Corp	400	37,192,868	2.11
11	Chugai Pharmaceutical Co Ltd	600	36,584,296	2.07
12	TDK Corp	200	36,047,820	2.04
13	Terumo Corp	800	35,097,853	1.99
14	Kyocera Corp	400	28,571,078	1.62
15	Recruit Holdings Co Ltd	600	28,403,561	1.61
16	Daiichi Sankyo Co Ltd	600	23,314,457	1.32
17	Sony Corp	200	22,222,420	1.26
18	Secom Co Ltd	200	20,413,668	1.16
19	Omron Corp	200	20,504,848	1.16
20	Bandai Namco Holdings Inc	200	19,652,423	1.11
21	Nitto Denko Corp	200	19,571,845	1.11
22	Astellas Pharma Inc	1,000	17,615,721	1
23	Olympus Corp	800	17,065,462	0.97
24	Kao Corp	200	16,437,805	0.93
25	Toyota Motor Corp	200	16,191,832	0.92
26	Eisai Co Ltd	200	16,285,132	0.92
27	Kikkoman Corp	200	15,585,381	0.88
28	NTT Data Corp	1,000	15,415,744	0.87
29	Konami Holdings Corp	200	13,910,217	0.79
30	Shiseido Co Ltd	200	14,014,120	0.79

(도표 4-5) Nikkei225지수의 업종(섹터)별 비중

업종비중

업종(섹터)	비중(%)
임의소비재	20.32
산업	17.30
정보기술	16.14
헬스케어	13.71
커뮤니케이션 서비스	10.77
필수소비재	6.16
소재	6.05
금융	1.85
부동산	1.41
에너지	0.18

상위10종목

종목명	업종	비중(%)
Fast Retailing Co Ltd	임의소비재	10.85
SoftBank Group Corp	커뮤니케이션 서비스	6.13
Tokyo Electron Ltd	정보기술	5.20
FANUC Corp	산업	3.23
M3 Inc	헬스케어	2.98
Daikin Industries Ltd	산업	2.77
KDDI Corp	커뮤니케이션 서비스	2.33
Shin-Etsu Chemical Co Ltd	소재	2.27
Advantest Corp	헬스케어	2.11
Chugai Pharmaceutical Co Ltd	소재	2.07

Nikkei225지수에 정비례하는 종목

국내 주식시장에서 거래되는 Nikkei225지수에 1배 정비례하는 종목을 (도표 4-6)에 정리했으니, 투자에 참고하기 바란다. 현재 국내 주식시장에서는 이 주가지수에 대비하여 2배 정비례(레버리지)하거나 또는 반비례하는 종목은 존재하지 않는다.

(도표 4-6) Nikkei225지수에 투자하는 종목

종목명	종목코드	수수료율	상장주식수(천주)	거래량(주)
TIGER 일본니케이225	241180	0.350%	700	2,307
KINDEX 일본Nikkei225(H)	238720	0.300%	600	949

(주) 종목명 마지막에 표시된 (H)는 헤지(Hedge)의 약자로서, 선물환 등을 통해 환율이 변동하더라도 투자 수익에 영향을 미치지 않는다는 뜻임

02
TOPIX에
정비례하는 종목

안정적 투자자를 위한 1배 정비례 종목

일본의 대표적인 주가지수는 Nikkei225지수이지만, 국내외 주식 시장에서는 TOPIX를 추종하는 ETF 종목이 더 많고, 더 활발하게 거래되고 있다. 일단, 다음 두 차트를 비교해 보면서 TOPIX에 1배 정비례하는 종목에 대해 살펴본다.

(도표 4-7)은 과거 5년 동안의 Nikkei225지수의 그래프이고. (도표 4-8)은 특정 종목의 주가 흐름도이다. 과거 5년 동안의 주가 움직임을 비교하는 이유는 이 종목이 2014년 4월에 처음 상장되었기 때문이다.

우선 Nikkei225지수는 도교 증권거래소에 상장된 1부(1부는 우량주, 2부는 신규상장주) 종목 중 225개 종목의 주가평균 값을 근거로 주가지수를 산정한다. 반면에, TOPIX는 도쿄 증권거래소에 상장된 전체 기업의 시가총액을 대상으로 주가지수를 산출한다. 두 주가지수는 대상 기업과 측정 방법 모두 상이하다는 뜻이다. 그럼에도 불구하고, 두 차트의 모양새를 자세히 살펴보면, 주가의 등락 추세는 거의 유사하게 나타난다. 다만, 그 진폭에서만 약간의 차이가 나고 있다.

(도표 4-7) Nikkei225지수 : 5년간 주가지수 추세

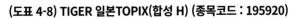

(도표 4-8) TIGER 일본TOPIX(합성 H) (종목코드 : 195920)

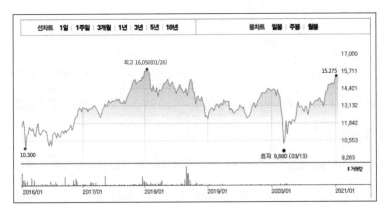

Nikkei225지수는 저점인 14,952포인트(2016년 6월)에서 출발하여 크고 작은 굴곡을 겪었지만, 꾸준히 우상향하여 최고점인 28,698포인트(2020년 1월)에 도달했다. 과거 5년간에 걸쳐 92%(연간 단순평균 18%) 상승했다. 한편 (도표 4-8)에서 TOPIX에 1배 정비례하는 종목은 같은 기간에 최저점 10,300원에서 최근의 최고점인 15,275원까지 48% 상승했다.

하여튼, TOPIX가 5% 상승하면 1배 정비례 종목의 주가는 같은 비율만큼 상승하고, 반대로 5% 하락하면 이 종목의 주가도 같은 수치만큼 하락한다. 향후 TOPIX가 상승하리라 전망되면 이 종목을 매수하자. 그 후 충분히 올라가서 앞으로 하락할 것으로 전망되면 매도하여 이익을 확정하라.

1배 정비례 종목의 투자수익률

투자자가 이 종목에 투자했더라면 기간별 수익률이 어느 정도일까? (도표 4-9)에서 기간별 투자수익률을 알 수 있다. 기준가격이란 주식시장에서 형성된 주가의 기준치를, 기초지수는 이 종목이 추종하는 주가지수를 말한다.

이 종목이 최초 거래된 시점(2014년 2월)에 매수하여 현재까지 보유한다면 수익률이 52.36%로 나타났다. 그 당시 1,000만 원을 투자했더라면 원금이 1,523만 원으로 늘었다는 뜻이다. 실제로 같은 기간 동안 기초지수는 59.88% 상승했다.

이 종목의 과거 수익률을 살펴보면, 1년이 (+)5.98%인데 반해, 6개월이 (+)17.12%, 3개월이 (+)13.79%, 최근 1개월이 (+)2.88%를 기록했다. 2020년 3월에 (세계적인 코로나 유행 사태로 인해) 기초지수가 대폭락한 후, 꾸준히 우상향하면서 투자 기간이 늘어날수록 수익률이 향상되는 현상이다. 다시 말해, 주가지수가 급변사태를 만나 크게 하락한다 하더라도 (최소 6개월 내지 최장 1년간만) 보유한다면 투자 원금을 복구할 수 있다는 것이다. 장기간 '매수 후 보유'하는 투자 패턴이 수익률을 높이는 방법이다.

(도표 4-9) TIGER 일본TOPIX(합성 H) 투자수익률

구분	1개월	3개월	6개월	1년	설정이후
기준가격	2.88%	13.79%	17.12%	5.98%	52.36%
기초지수	3.49%	13.30%	17.92%	6.94%	59.88%

1배 정비례 종목의 구성 명세

↗

원래 TOPIX는 도쿄 주가지수(Tokyo Stock Price Index)의 약자로, 도쿄 증권거래소에 상장된 전체 기업의 시가총액을 이용해 산정한다. 보통 TOPIX를 추종하는 ETF는 다음 2가지 방식 중 하나를 선택하여 설계한다.

첫째, 현물 주식을 편입하는 방식이다. 즉, TOPIX에 포함되는 3,000여 회사들의 주식을 시가총액 비중에 맞춰 모두 매수하는 것이다. 하지만 이 방식에 따르면 편입된 주식의 종목 수가 너무 많아서 관리하기가 불편하고, 동시에 직간접 부대비용이 많이 발생하여 수익률이 떨어질 수밖에 없다. 이러한 사정으로 인해, 대부분의 ETF 종목들은 TOPIX보다는 TOPIX100을 추종하는 방식을 따르는 경우가 많다. TOPIX100은 도쿄 증권거래소에 상장된 기업 중에서 (유동성과 시가총액이 큰 순서로) 상위 100개 종목의 시가총액을 갖고 측정한다.

일례로 TOPIX100에 포함되는 100개 종목 중 시가총액 상위 30개 회사명과 시가총액의 비중은 (도표 4-10)과 같다. 예를 들어, 토요타 자동차, 소프트뱅크, 소니, 닌텐도 등 친숙한 기업 이름이 눈에 띈다.

(도표 4-10) KODEX 일본TOPIX100 (종목코드 : 101280)의 구성 명세

No	종목명	수량(주)	평가금액(원)	비중(%)
1	설정현금액		3,126,670,238	0.00%
2	원화예금		159,492,254	0.00%
3	TOYOTA MOTOR	1,967	159,246,673	5.14%
4	TOPIX INDEX F2103	1	130,776,189	4.22%
5	SOFTBANK GROUP	1,367	123,236,904	3.98%
6	SONY	1,100	122,223,314	3.95%
7	KEYENCE CORP	167	101,419,057	3.27%
8	NINTENDO CO LTD	100	69,487,474	2.24%
9	NIPPON TELEGRAPH & TELEPHONE	2,267	65,796,946	2.12%
10	NIDEC	433	65,051,577	2.10%
11	MITSUBISHI UFJ FINANCIAL GRO	11,767	61,280,768	1.98%
12	SHIN-ETSU CHEMICAL	300	60,003,716	1.94%
13	DAIICHI SANKYO	1,467	57,003,849	1.84%
14	DAIKIN INDUSTRIES	233	56,854,780	1.84%
15	RECRUIT HOLDINGS CO LTD	1,200	56,807,123	1.83%
16	TAKEDA PHARMACEUTICAL	1,433	54,831,883	1.77%
17	HOYA	367	54,260,609	1.75%
18	MURATA MFG CO	500	53,435,592	1.72%
19	(delist)NTT DOCOMO INC	1,233	50,721,827	1.64%
20	SMC	67	47,799,727	1.54%
21	FANUC	167	47,611,006	1.54%
22	TOKYO ELECTRON	100	45,823,140	1.48%
23	KDDI	1,267	43,415,824	1.40%
24	SUMITOMO MITSUI FINANCIAL GR	1,167	42,562,721	1.37%
25	HONDA MOTOR	1,367	40,385,703	1.30%
26	M3 INC	367	39,785,925	1.28%
27	ITOCHU	1,200	39,466,001	1.27%
28	HITACHI	800	36,217,456	1.17%
29	KAO	433	35,587,849	1.15%
30	TOKIO MARINE HOLDINGS	600	34,752,218	1.12%

TOPIX100에 속한 종목들의 업종별 시가총액 비중은 (도표 4-11)과 같다. 시가총액의 비중이 산업(20.98%), 임의소비재 (16.61%), 정보기술(12.55%), 헬스케어(10.11%)의 순서로, 이들 4개 섹터의 비중이 절반 이상(60.25%)을 차지하고 있다.

(도표 4-11) TOPIX100의 업종(섹터)별 비중

업종비중

업종(섹터)	비중(%)
산업	20.98
임의소비재	16.61
정보기술	12.55
헬스케어	10.11
커뮤니케이션 서비스	8.73
금융	8.03
필수소비재	7.86
소재	5.90
부동산	2.32
유틸리티	1.29

상위10종목

종목명	업종	비중(%)
TOYOTA MOTOR	임의소비재	5.14
SOFTBANK GROUP	커뮤니케이션 서비스	3.98
SONY	임의소비재	3.95
KEYENCE CORP	정보기술	3.27
NINTENDO CO LTD	커뮤니케이션 서비스	2.24
NIPPON TELEGRAPH & TELEPHONE	커뮤니케이션 서비스	2.12
NIDEC	산업	2.10
MITSUBISHI UFJ FINANCIAL GRO	금융	1.98
SHIN-ETSU CHEMICAL	소재	1.94
DAIICHI SANKYO	임의소비재	1.84

둘째, 스왑거래를 활용하는 방식이다. 자산운용회사가 ETF를 통해 모집한 자금을 증권회사(이 사례에서는 메리츠증권, 미래에셋대우증권)에 위탁하여 운용한다. 다시 말해, 약정한 투자금액을 관련 증권회사에 맡기고 나서, 일정 기간이 지나 계약이 만료되는 시점에

예탁한 투자 원금에 기초지수가 상승하면 그 비율만큼의 투자수익 (반면에 기초지수가 하락하면 투자손실)을 가산(차감)하여 되돌려 받는 투자 방식이 바로 스왑거래이다.

(도표 4-12) TIGER 일본TOPIX(합성 H)의 운용 명세

No	종목명	수량(주)	평가금액(원)	비중(%)
1	스왑(메리츠증권)_490151		586,315,570.16	38.48
2	스왑(미래에셋대우)_490151		586,315,570.16	38.48
3	NEXT FUNDS TOPIX EXCHANGE TR	14,500	294,950,300	19.36
4	원화현금		55,968,820	3.67

03
TOPIX에
2배 정비례하는 종목

공격적 투자자를 위한 레버리지 종목

다음의 두 차트를 비교해 보면서 레버리지 종목에 대해 알아본다. (도표 4-13)은 앞 절에서 설명한 TOPIX에 1배 정비례하는 종목의 주가 차트이고, (도표 4-14)는 2배 정비례하는 레버리지 종목의 그래프이다. 당초 서로 일치하도록 종목을 설계했기에, 두 차트의 모습은 그 진폭에서만 차이가 날 뿐이다.

그러면 주가의 진폭에 관해 알아보자. 1배 정비례 종목이 폭락하기 직전의 주가 최고점은 14,100원이고, 최저점은 9,880원이다. 만약 최고점에서 매수하여 최저점에서 매도했다면 (-)30%의 투자손실이 발생한다. 하지만, 그 반대로 매매하는 상황이라면 투자수익률은 (+)43%가 된다.

한편, 같은 기간 레버리지 종목의 주가 최고점은 18,145원이고, 최저점은 7,630원이다. 만약, 최고점에서 매수하여 최저점에서 매도했다면 (-)58%의 투자손실을, 반대의 상황이라면 투자수익률이 (+)138%가 된다.

(도표 4-13) TIGER 일본TOPIX (합성 H) (종목코드 : 195920)

구분	1개월	3개월	6개월	1년	설정이후
기준가격	2.88%	13.79%	17.12%	5.98%	52.36%
기초지수	3.49%	13.30%	17.92%	6.94%	59.88%

원래 정비례 종목의 수익률(손실률)은 레버리지 종목의 수익률(손실률) 대비 2배를 기록해야 한다. 일례로 정비례 종목의 수익률이 (-)30%라면, 레버리지 종목은 그 2배인 (-)60%의 수익률을 달성해야 한다. 이 사례에서는 (-)58%의 손실을 기록하여 거의 차이가

(도표 4-14) KINDEX 일본TOPIX레버리지(H) (종목코드 : 196030)

구분	1개월	3개월	6개월	1년	설정이후
기준가격	5.49%	28.81%	37.11%	7.05%	89.35%
기초지수	3.49%	13.30%	17.92%	6.94%	59.88%

나지 않고 있다. 매우 효율적으로 운용되는 ETF 종목이라 하겠다.
레버리지 종목의 주가는 기초지수 상승률의 2배 내외에서 등락하
는 것이 원칙이다.

향후 TOPIX가 상승할 것으로 확신하고, 그 상승률의 2배 수익률
을 추구한다면, 이 레버리지 종목을 매수하라. 그 후 기초지수가 원
하는 만큼 상승했기에 앞으로 하락하리라 예상되면 매도하라. 다만,
당초 전망과는 달리 매수하자마자 하락세를 보이면서 그 현상이 지
속한다면, 즉시 손절매하기 바란다.

2배 정비례 종목의 구성 명세

원래 정비례 종목은 기초지수를 구성하는 전체 종목을 시가총액 비중에 따라 매수하거나, 혹은 주가지수 선물을 매수하는 방식으로 운용한다.

그러면 레버리지 종목은 어떻게 설계했기에 2배의 수익률이 발생할까? 레버리지 종목이 보유한 구성 명세는 (도표 4-15)와 같다. 그 설계 원리는 아주 간단하다. 투자자금 중 일부는 기초지수를 1배 정비례하는 종목들(이 사례에서는 다이와증권의 DAIWA TOPIX ETF, 노무라증권의 NOMURA TOPIX ETF, 그리고 니코증권의 NIKKO TOPIX ETF 등)을 매수한다. 나머지 자금으로는 기초지수에 2배 정비례하

(도표 4-15) KINDEX 일본TOPIX레버리지(H)의 구성 명세

No	종목코드	종목명	주식수(주, 원)
1	CASH00000001	설정현금액	1,736,825,818
2	FXFWD0000JPY	-	1,586,671,200
3	JP3027620008	DAIWA ETF - TOPIX	8,400
4	JP3027630007	NOMURA ETF - TOPIX	8,400
5	JP3039100007	NIKKO ETF - TOPIX	8,400
6	JP3047440007	SIMPLEX TOPIX BULL 2X ETF	1,978
7	JP3047870005	DAIWA ETF-TOPIX LVRG 2X IND	1,715
8	JPYZZ0000001	-	42,665,587
9	KRD010010001	원화예금	101,408,812
10	TPH1INDEX000	-	9

는 종목(이 사례에서는 다이와증권에서 발행한 레버리지 종목인 DAIWA ETF-TOPIX LVRG 2X IND)을 편입하며, 이에 더해 주가지수 선물 (SIMPLEX TOPIX BULL 2X ETF) 등으로 구성되어 있다.

04
TOPIX에
반비례하는 종목

안정적 투자자를 위한 1배 반비례 종목

이번에는 TOPIX가 하락해야 이익이 나는 인버스 종목을 알아본다. 다음 두 차트를 비교해 보면서 TOPIX에 1배 반비례하는 종목에 대해 살펴본다. (도표 4-16)은 앞서 설명한 1배 정비례 종목의 차트이고, (도표 4-17)은 1배 반비례 종목의 주가 흐름도이다.

언뜻 보아도 두 차트의 모양새가 위아래로 뒤집혔다는 것을 볼 수 있다. 실제로 두 차트는 반비례하는데, 당초 인버스 종목이 기초지수와는 서로 반대되는 모양새를 취하도록 설계되었기 때문이다.

(도표 4-16)을 보면 기초지수에 정비례하는 종목의 주가는 최저점인 9,880원에서 최고점인 15,330원까지 55% 상승했다. 한편, 기초지수에 반비례하는 종목의 주가는 최고점 9,850원에서 최저점

4,695원까지 (-)52%의 손실을 기록했다. 특히 정비례 종목의 주가 상승률과 반비례 종목의 주가 하락률이 비슷한 수치로 나타난다.

만약, 투자자가 반비례 종목을 처음 거래된 시점(2014년 9월)에 매수하여 현재까지 보유한다면, 이익은커녕 (-)49.63%의 손실을 기록했다. 당시 1,000만 원을 투자했더라면 원금이 절반 수준인 500만 원으로 쪼그라들었다는 뜻이다. 같은 기간에 TOPIX가 40% 상승했기에 나타난 결과다. 향후 TOPIX가 하락할 것으로 전망되면 인버스 종목을 매수하라. 그 후 기초지수가 충분히 하락함으로써 앞으로 상승 반전할 것으로 예상하면 매도하여 이익을 확정하라.

(도표 4-16) TIGER 일본TOPIX(합성 H) (종목코드 : 195920)

구분	1개월	3개월	6개월	1년	설정이후
기준가격	-0.96%	8.37%	11.76%	1.52%	45.31%
기초지수	-0.69%	8.57%	12.48%	2.37%	52.86%

(도표 4-17) KINDEX 일본TOPIX인버스(합성 H) (종목코드 : 205720)

구분	1개월	3개월	6개월	1년	설정이후
기준가격	-2.36%	-9.34%	-12.75%	-9.67%	-49.63%
기초지수	0.77%	8.77%	11.9%	8.61%	40.35%

1배 반비례 종목의 구성 명세

인버스 종목은 어떻게 설계했기에 TOPICX와 반비례할까? 이 종목이 보유하고 있는 세부 명세를 예시하면 (도표 4-18)과 같다.

이 종목은 절반의 자금을 증권회사(이 사례에서는 미래에셋대우증권)에 스왑으로 운용하고 있다. 다시 말해, 약정한 투자금액을 관련 증권회사에 맡기고 나서, 계약 기간이 만료되는 시점에 위탁한 투자 원금에 기초지수가 하락하면 1배의 투자수익 (반면에 기초지수가 상승하면 1배의 손실)을 가산(차감)하여 되돌려 받는 운용 방식이 바로 스왑거래이다.

(도표 4-18) KINDEX 일본TOPIX인버스(합성 H)의 구성 명세

No	종목코드	종목명	주식수(주, 원)
1	CASH00000001	설정현금액	497,640,330
2	KRD010010001	원화예금	2,529,730
3	SWAP00000005	인덱스 스왑(미래에셋대우증권)	495,110,600

TOPIX에 비례하는 종목

국내 주식시장에서 거래되는 TOPIX에 정비례하거나 반비례하는 전체 종목을 (도표 4-19)에 정리했으니, 투자에 참고하기 바란다.

(도표 4-19) TOPIX에 정비례 및 반비례하는 종목

종목명	종목코드	수수료율	상장주식수(천주)	거래량(주)
KODEX 일본TOPIX100	101280	0.370%	600	2,507
TIGER 일본TOPIX(합성 H)	195920	0.250%	600	1,113
KINDEX 일본TOPIX레버리지(H)	196030	0.500%	500	915
KINDEX 일본TOPIX인버스 (합성 H)	205720	0.500%	2,100	7,389

제5장

신흥국 주가지수에
투자해야 하는 종목들

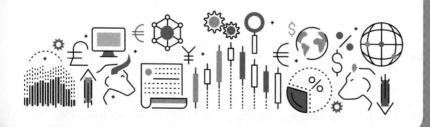

01
선진국 및 신흥국 MSCI에
정비례하는 종목

선진국 MSCI와 신흥국 MSCI

지금까지는 (미국, 중국, 유럽, 일본 등) 국가별 주식시장과 주가 지수에 관해 설명했다. 세계 주식시장 중 선진국 시장(developed market)은 영문 표기에 따르면, '과거에 이미 산업화 개발이 완료된 주식시장'을 뜻한다. 한편, 개발도상국(developing country) 혹은 신흥국 시장(emerging market)은 '개발이 진행 중인 떠오르는 주식시장'이라는 뜻이 된다.

원래 대형주는 안정성이 있어 주가의 등락 폭이 작게 움직이는 데 반해, 중·소형주는 성장성이 돋보이기 때문에 주가의 등락이 크다고 알려져 있다. 이와 유사하게 선진국 증시의 주가는 대형주와 마찬가지로 안정적으로 변동하는 데 반해, 신흥국 증시의 주가는 (환경 변화에 따라 가해지는 외적 내적 충격에 따라) 심하게 출렁일 것으로 추정한다.

그러면 선진국 및 신흥국 주가지수를 서로 비교해 보면서 위에서 설명한 추정이 맞는지를 알아본다.

1배 정비례 종목의 투자수익률

다음의 두 차트를 비교해 보면서, 각 주가지수의 1배 정비례 종목에 대해 살펴본다. (도표 5-1)은 선진국 MSCI에 정비례하는 종목이

(도표 5-1) KODEX 선진국MSCI World (종목코드 : 251350)

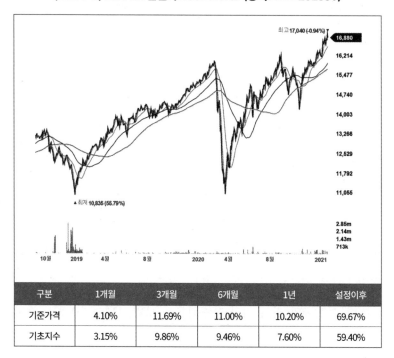

구분	1개월	3개월	6개월	1년	설정이후
기준가격	4.10%	11.69%	11.00%	10.20%	69.67%
기초지수	3.15%	9.86%	9.46%	7.60%	59.40%

(도표 5-2) ARIRANG 신흥국MSCI(합성 H) (종모코드 : 195980)

구분	1개월	3개월	6개월	1년	설정이후
기준가격	10.36%	22.73%	30.00%	17.84%	35.83%
기초지수	10.46%	23.55%	31.61%	22.28%	38.87%

고 (도표 5-2)는 같은 기간 신흥국 MSCI에 정비례하는 종목이다.

두 차트의 모양새를 살펴보면 주가의 등락 추세는 거의 비슷하지만, 그 높낮이에서 차이가 난다. 한눈에 보기에도 선진국의 주가 등락 폭이 신흥국의 진폭보다 더 큰 것처럼 보인다. 하지만 선진국의 주가는 최저점인 10,835원에서 최고점인 17,040원으로 57% 상승했다(도표 5-1). 반면, 신흥국의 주가는 최저점인 6,930원에서 최고점인 13,620원으로 97% 상승했다(도표 5-2).

또한 선진국의 과거 기간별 수익률을 보면, 1년이 10.20%, 6개월이 11.00%, 3개월이 11.69%, 최근 1개월이 4.10%이다. 한편 신홍국의 같은 기간 수익률은 1년이 17.84%, 6개월 30.00%, 3개월 22.73%, 최근 1개월이 10.36%이다. 이 기간 동안 신흥국의 투자수익률이 선진국의 수치보다 대략 2배 이상으로 나타난 것이다. 만약 보다 높은 수익률을 원한다면 과감하게 신흥국 주가지수에 투자하자. 다만, 높은 수익률은 더 높은 투자 손실 가능성을 수반한다는 것만 명심하라.

1배 정비례 종목의 구성 명세

원래 MSCI는 모건스탠리캐피털 인터내셔널(Morgan Stanley Capital International)의 약자로, 세계적인 금융 유관단체인 모건스탠리가 발표하고 있다. 가장 유명한 지수로는 MSCI World와 MSCI EAFE 등이 있다.

MSCI 지수는 기관투자자(투자은행, 자산운용사, 연기금 등)들이 보유하는 운용자금의 세계적인 포트폴리오를 편성하거나, 그 포트폴리오의 성과를 측정하는 벤치마크 지수로써 널리 활용된다. 또한 지수연동형 펀드(Index Fund)나 ETF 등과 같은 패시브 펀드가 추종하는 기초지수로도 이용된다.

MSCI 지수 중 Global MSCI 지수, 선진국 MSCI 지수, 신흥국 MSCI 지수의 구성 명세는 다음과 같다. Global MSCI 지수는 일종의 All Country World 지수로, 선진국과 신흥국을 포함한 45개국의 대형주와 중형주를 포함하여 산출한다(도표 5-3).

국가별 비중은 미국(55.42%), 중국(7.91%), 일본(6.57%) 순이다. 업종별로 애플(3.72%), 마이크로소프트(2.57%), 아마존(2.24%), 페이스북(1.04%) 등이 포함된 정보기술(IT)이 20.26%로 제일 큰 비중을 점하고 있다.

선진국 MSCI지수(일명, MSCI EAFE 지수)는 미국과 캐나다를 제외한 20여개국의 대형주와 중형주를 포함하여 산출한다(도표 5-4).

국가별 비중은 일본(25.38%), 영국(14.26%), 프랑스(10.70%), 순이다. 세계적인 식음료 기업인 네슬레(2.00%), 제약회사인 로슈(1.54%)와 노바티스(1.32%), 정보기술 업체인 ASML홀딩스(1.49%), 루이비통 등 명품 제품 기업들의 지주회사인 LVMH MOET HENNESSY(1.05%) 등으로 구성된다.

신흥국 MSCI지수는 개발도상국(developing country)이나 신흥시장(emerging market)이 포함되며, 30여개국의 대형주로 구성된다(도표 5-5).

국가별로 중국(49.19%), 대만(11.53%), 대한민국(11.46%), 인도(7.54%) 순이다. 반도체 제조업체인 타이완 반도체제조(5.86%)와 삼성전자(3.79%), 정보기술업체인 텐센트(5.01%)와 전자상거래업체인 알리바바(4.87%) 등이 포함된 IT섹터가 20.36%로 가장 비중이 높다.

(도표 5-3) Global MSCI 지수의 구성 명세

(1) 종목별 비중

No	종목명	비중(%)
1	APPLE	3.72
2	MICROSOFT CORP	2.57
3	AMAZON.COM	2.24
4	FACEBOOK A	1.04
5	TESLA	1.00
6	TAIWAN SEMICONDUCTOR MFG	0.94
7	ALPHABET C	0.90
8	ALPHABET A	0.90
9	TENCENT HOLDINGS LI	0.80
10	ALIBABA GROUP HLDG ADR	0.78

(2) 업종별(섹터별) 국가별 비중

No	업종	비중(%)	국가	비중(%)
1	Information Technology	20.26	미국	55.42
2	Financials	17.64	중국	7.91
3	Consumer Discretionary	17.15	일본	6.57
4	Communication Services	10.18	영국	3.69
5	Materials	7.59	프랑스	2.77
6	Consumer Staples	7.54	캐나다	2.63
7	Industrials	5.69	스위스	2.45
8	Health Care	5.63	독일	2.40
9	Energy	4.36	호주	1.86
10	Real Estate	2.10	대만	1.85

(도표 5-4) 선진국 MSCI 구성 명세

(1) 종목별 비중

No	종목명	비중(%)
1	NESTLE	2.00
2	ROCHE HOLDING GENUSS	1.54
3	ASML HLDG	1.49
4	NOVARTIS	1.32
5	LVMH MOET HENNESSY	1.05
6	AIA GROUP	0.99
7	TOYOTA MOTOR CORP	0.97
8	UNILEVER PLC	0.96
9	ASTRAZENECA	0.85
10	SOFTBANK GROUP CORP	0.83

(2) 업종별(섹터별) 국가별 비중

No	업종	비중(%)	국가	비중(%)
1	Financials	16.49	일본	25.38
2	Health Care	14.60	영국	14.26
3	Industrials	14.06	프랑스	10.70
4	Consumer Staples	13.45	스위스	9.48
5	Consumer Discretionary	11.05	독일	9.26
6	Information Technology	7.28	호주	7.19
7	Materials	6.60	네덜란드	4.02
8	Telecommunication Services	5.70	스웨덴	3.42
9	Utilities	4.41	홍콩	3.39
10	Real Estate	3.26	덴마크	2.48

(도표 5-5) 신흥국 MSCI 구성 명세

(1) 종목별 비중

No	종목명	비중(%)
1	TAIWAN SEMICONDUCTOR MFG	5.86
2	TENCENT HOLDINGS LI (CN)	5.01
3	ALIBABA GROUP HLDG ADR	4.87
4	SAMSUNG ELECTRONICS CO	3.79
5	MEITUAN B	1.72
6	KWEICHOW MOUTAI A (HK-C)	1.19
7	NASPERS N	1.02
8	JD.COM ADR	0.81
9	RELIANCE INDUSTRIES	0.81
10	PING AN INSURANCE H	0.76

(2) 업종별(섹터별) 국가별 비중

No	업종	비중(%)	국가	비중(%)
1	Information Technology	20.26	중국	49.19
2	Financials	17.64	대만	11.53
3	Consumer Discretionary	17.15	대한민국	11.46
4	Communication Services	10.18	인도	7.54
5	Materials	7.59	브라질	3.84
6	Consumer Staples	7.54	남아프리카공화국	2.87
7	Industrials	5.68	러시아	2.40
8	Health Care	5.63	사우디아라비아	1.95
9	Energy	4.36	태국	1.47
10	Real Estate	2.10	멕시코	1.38

MSCI지수에 비례하는 종목

↗

국내 주식시장에서 거래되는 MSCI지수에 비례하는 종목을 〈도표 5-6〉에 정리했으니, 투자에 참고하기 바란다.

(도표 5-6) MSCI지수에 비례하는 종목

종목명	종목코드	수수료율	상장주식수(천주)	거래량(주)
KODEX 선진국MSCI World	251350	0.300%	23,400	146,637
ARIRANG 글로벌MSCI(합성 H)	189400	0.400	450	1,701
ARIRANG 선진국MSCI(합성 H)	195970	0.500%	520	15,517
ARIRANG 신흥국MSCI(합성 H)	195980	0.500	5,260	61,293
KODEX MSCI EM선물(H)	291890	0.450	500	15,580
KINDEX S&P아시아TOP50	277540	0.700	750	36,236
KBSTAR 중국MSCI China선물(H)	310080	0.600%	950	52,896
TIGER 이머징마켓MSCI레버리지 (합성 H)	225060	0.590	700	5,289

(주1) 종목명 마지막에 표시된 (H)는 헤지(Hedge)의 약자로서, 선물환 등을 통해 환율이 변동하더라도 투자 수익에 영향을 미치지 않는다는 뜻임
(주2) 종목명 마지막에 표시된 합성은 현물 주식과 선물 주가지수를 같이 혼합하여 운용한다는 뜻임

참고로 투자 종목을 선택할 때 고려할 사항을 정리하면 다음과 같다.

첫째, 종목명 마지막에 (H) 표시가 붙은 것은 환율 변동에 대한 위험이 없다는 의미다. 다시 말해, (H) 표시 된 종목의 경우 원/달러 환율이 변동하더라도 투자수익에 영향을 주지 않는다. 반면 종목명에 (H) 표시가 없으면, 주가뿐만 아니라 환율의 변동에 따라 수익률이 상이해진다.

둘째, 주가지수의 변동을 정확하게 추종하는 종목이야말로 투자하기 적합하다. 될 수 있으면, 거래량이 많은 종목을 골라서 투자하라. 또한, 투자비용을 줄이려면 수수료율이 낮은 종목을 선택하라.

셋째, 주식시장의 특성상 주가지수가 상승 추세를 보일 때에는 정비례 종목이, 하락 추세일 때에는 반비례 종목의 거래량이 늘어난다. 따라서 거래량이 늘어나는 종목을 분석하다 보면, 시장 상황에 대한 힌트를 얻게 될 것이다.

02
신흥국 MSCI에 2배
정비례하는 종목

공격적 투자자를 위한 레버리지 종목

이번에는 적은 자금을 투자해 고수익(반대의 상황에서는 고손실)을
얻을 수 있는 레버리지 종목에 대해 알아본다.

다음의 두 차트를 비교해 보면서 1배 정비례 및 레버리지 종목을
비교해 보자. (도표 5-7)은 신흥국 MSCI지수에 1배 정비례하는
종목이다. 반면에, (도표 5-8)은 그 지수에 2배 정비례하는 레버리
지 종목이다. 애초에 서로 일치하도록 두 종목을 설계했기에, 두 차
트의 모양새는 똑같아야 한다. 다만, 그 진폭만이 차이가 난다.

그러면 두 차트의 주된 차이점인 주가의 진폭에 관해 알아보자.
이 사례에서 1배 정비례 종목의 주가 최저점은 5,940원에서 최고
점인 11,345원까지 상승했다. 만약 주가 최저점에서 매수하여 최고

점에서 매도했다면 (+)91%의 이익을 얻는다. 반대로 주가 최고점에서 매수하여 최저점에서 매도한다면 (-)48%의 투자 손실을 보게 된다.

한편, 같은 기간 레버리지 종목의 주가 최저점은 4,155원이고 최고점은 17,375원이다. 만약, 주가 최저점에서 매수하여 최고점에서 매도했다면 (+)318%의 엄청난 투자 이익을, 그 반대의 상황이라면 불행스럽게도 (-)76%의 손실을 보게 된다.

(도표 5-7) KODEX MSCI EM선물(H) (종목코드 : 291890)

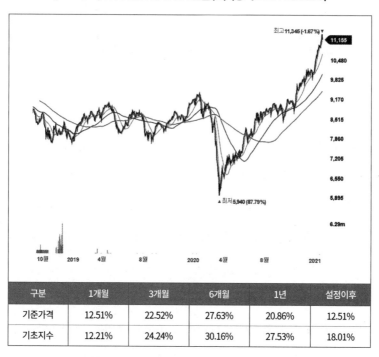

구분	1개월	3개월	6개월	1년	설정이후
기준가격	12.51%	22.52%	27.63%	20.86%	12.51%
기초지수	12.21%	24.24%	30.16%	27.53%	18.01%

(도표 5-8) TIGER 이머징마켓MSCI레버리지(합성 H) (종목코드 : 225060)

구분	1개월	3개월	6개월	1년	설정이후
기준가격	16.93%	48.41%	67.06%	29.17%	65.92%
기초지수	8.51%	22.53%	30.92%	20.45%	49.56%

　원래 레버리지 종목의 수익률(손실률)은 1배 정비례 종목의 수익률(손실률) 대비하여 2배 내외를 기록해야 한다. 다시 말해, 이 사례에서처럼 1배 정비례 종목의 수익률이 (+)91%라면, 레버리지 종목은 그 2배인 (+)182%의 수익률을 기록해야 하는데, 실제 수익률은 (+)318%로 큰 차이가 나고 있다.

　여하튼, 신흥국 MSCI지수가 상승해야 1배 정비례 종목의 주가는 상승한 비율만큼 올라가고, 레버리지 종목의 주가는 그 2배만큼 상승한다. 반면에, 주가 예측에 실패하여 기초지수가 하락하면 레버리지 종목은 1배 정비례 종목과 비교하면 2배 이상의 큰 손실을 보게 된다.

2배 정비례 종목의 구성 명세

↗

원래 정비례 종목은 신흥국 MSCI지수를 구성하는 여러 종목들을 시가총액 비중에 따라 매수하거나, 혹은 주가지수 선물을 매수하는 방식으로 운용한다. 그러면 레버리지 종목은 어떻게 설계하기에 2배의 수익률을 얻을 수 있을까?

일단, 레버리지 종목의 구성 명세는 (도표 5-9)와 같다. 기본적인 설계 원리는 아주 간단하다. 투자자금 중 절반은 기초지수를 1배 정비례하는 종목(ISHARES MSCI EMERGING MARKET)을 매수한다. 나머지 절반은 증권회사(이 사례에서는 메리츠증권)에 스왑 방식으로 위탁 운용시킨 상황이다.

(도표 5-9) TIGER 이머징마켓MSCI레버리지(합성 H)의 구성 명세

No	종목명	수량(주)	평가금액(원)	비중(%)
1	ISHARES MSCI EMERGING MARKET	5,214	316,967,272.05	19.1
2	스왑(메리츠증권)_490163		169,331,960.85	10.21
3	원화현금		1,172,898,872	70.69

신흥국 주가지수에 투자하는 종목

↗

국내 주식시장에서 거래되는 신흥국의 주가지수에 비례하여 변동하는 종목들을 정리하면 (도표 5-10)과 같다. 특히, 이들 국가는 이머징마켓 중에서도 향후 경제 성장이나 주가 상승 가능성이 돋보이기에, 그 주가 추세를 예의 주시하면서 투자에 참조하기 바란다.

다음 절에서부터 (도표 5-10)에 나오는 각 종목에 대해 주가 추세 및 구성 명세 등을 분석해 본다.

(도표 5-10) 신흥국 주가지수에 투자하는 종목

종목명	종목코드	수수료율	상장주식수(천주)	거래량(주)
KOSEF 인도Nifty50(합성)	200250	0.490	1,750	44,264
TIGER 인도니프티50레버리지(합성)	236350	0.590	1,300	32,109
KINDEX 인도네시아MSCI(합성)	256440	0.700	1,800	25,743
KINDEX 필리핀MSCI(합성)	261920	0.500	400	1,361
KINDEX 베트남VN30(합성)	245710	0.700	13,400	267,792
TIGER 라틴35	105010	0.490	2,800	55,862
KINDEX 멕시코MSCI(합성)	291130	0.500	800	885

03
인도 Nifty50지수에
정비례하는 종목

인도 Nifty50지수의 장기 추세

인도 Nifty50지수는 인도의 국가증권거래소(National Stock Exchange)에 상장된 전체 종목 중에서 시가총액이 큰 50개 기업으로 구성된 주가지수이다. 인디아 지수서비스회사(India Index Services & Products)에서 1995년 11월 3일부터 산출하여 발표하고 있다.

우선, 인도 Nifty50지수를 1배 정비례하는 종목의 장기 주가 추세를 살펴본다. 원래 일봉 차트는 하루 동안 움직인 주가 중에서 시초가, 최고가, 최저가, 종가를 기준으로 일종의 봉(캔들) 모양으로 만든 그래프이다. 그리고 주봉 차트는 1주일 동안의 주가 변동 중에서 시초가(월요일 개장가격), 최고가, 최저가, 종가(금요일 폐장 가격)

등을 활용하여 작성한다. 보통 일봉 차트로 단기 주가 추세를 알 수 있다면, 주봉 차트로는 중장기 주가 추세와 현재 주가의 위상 등을 파악할 수 있다.

(도표 5-11)은 인도 Nifty50지수를 추종하는 종목의 주봉 차트이다. 이 종목의 주가는 10,000원(2014년 8월)에서 출발하여 일단 9,000원과 12,000원 사이의 박스권에서 움직였다. 그러다가 2017년 1월부터 본격적으로 상승 추세에 접어들면서 마침내 최고점인 14,500원(2019년 6월)을 돌파했다. 하지만 코로나 사태로 인해 주가 최저점인 8,660원(2020년 3월)까지 폭락하며 최고가 대비 40% 하락했다. 그 후 V자형의 강한 반등세를 보이면서 전고점을 돌파하면서 신고가인 15,410원까지 회복했다. 최저가 대비 78% 상승한 것이다.

(도표 5-11) KOSEF 인도Nifty50(합성)의 주봉차트 (종목코드 : 200250)

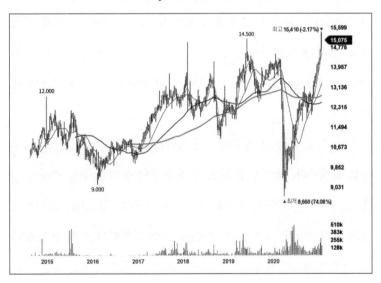

정비례 종목의 투자수익률

만약, 투자자가 1배 정비례 종목에 투자했더라면 기간별 수익률은 어느 정도일까? (도표 5-12)에서 과거의 투자수익률을 알 수 있다. 기준가격은 주식시장에서 형성되는 주가의 기준 금액을, 기초지수는 이 종목이 추종하는 주가지수(여기서는 인도 Nifty50지수)를 말한다.

이 종목이 처음 거래된 2014년 6월에 매수하여 현재까지 보유한다면 수익률이 12.42%로 나타났다. 그 당시 1,000만 원을 투자했

(도표 5-12) KOSEF 인도Nifty50(합성)의 투자수익률

구분	1개월	3개월	6개월	1년	설정이후
기준가격	7.70%	13.30%	14.92%	2.75%	12.42%
기초지수	7.20%	12.33%	14.47%	2.88%	14.47%

(도표 5-13) TIGER 인도Nifty50레버리지(합성) (종목코드 : 236350)

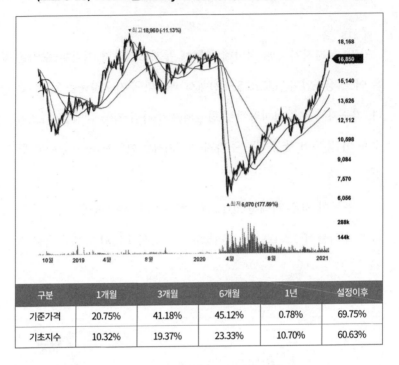

구분	1개월	3개월	6개월	1년	설정이후
기준가격	20.75%	41.18%	45.12%	0.78%	69.75%
기초지수	10.32%	19.37%	23.33%	10.70%	60.63%

더라면 120만 원이 불어나 원금이 1,124만 원이 되었다는 것이다. 실제 같은 기간의 기초지수는 14.47% 상승했다.

그러면 투자자가 레버리지 종목에 투자했더라면 기간별 수익률은 어느 정도일까? (도표 5-13)에서 과거의 투자수익률을 알 수 있다.

이 종목이 처음 거래된 2016년 5월에 매수하여 현재까지 보유한 다면 수익률이 69.75%를 기록했다. 그 당시 1,000만 원을 투자했 더라면 670만 원이 불어나 원금이 1,670만 원이 되었다. 실제로 같 은 기간의 기초지수는 60.63% 상승했다.

정비례 종목의 구성 명세

인도 Nifty50지수를 구성하는 50개 종목 중에서 시가총액 상위 10개 기업명과 업종 분류는 (도표 5-14)와 같다. 우선, 금융업종이 압도적으로 큰 비중(36.60%)을 차지하고 있으며, 뒤를 이어 정보 기술(17.50%), 에너지(11.89%) 등으로 이들 3개 섹터가 절반 이상의 비중(약 66%)을 점하고 있다.

(도표 5-14) 인도 Nifty50지수의 업종(섹터)별 비중

업종비중

구분	비중(%)
금융	36.60
정보기술	17.50
에너지	11.89
소재	7.33
임의소비재	7.31
필수소비재	6.89
헬스케어	3.84
커뮤니케이션서비스	3.36
산업	2.94
유틸리티	1.97

상위10종목

종목명	업종	비중(%)
HDFC Bank Ltd	금융	11.39
Reliance Industries	에너지	10.56
Infosys Ltd	정보기술	8.17
Housing Developm	금융	7.79
ICIC Bank Ltd	금융	5.98
Tata Consultancy S	정보기술	5.29
Kotak Mahindra Ba	금융	5.07
Hindustan Unilever	필수소비재	3.93
Asian Paints Ltd	소재	3.54
Axis Bank Ltd	금융	3.15

04
인도네시아 MSCI지수에
정비례하는 종목

인도네시아 MSCI지수의 장기 추세

인도네시아 MSCI지수는 인도네시아 증권거래소에 상장된 전체 종목 중에서 시가총액(유동성과 거래대금 포함) 등 시장 대표성 요건을 충족한 31개의 대형주로 구성된 지수로, 1990년 5월 30일의 시가총액을 1,000포인트로 정해 산출한다. 1994년 5월부터 MSCI에서 발표하고 있다.

우선, 인도네시아 MSCI지수를 1배 정비례하는 종목의 주봉 차트인 (도표 5-15)를 분석하면서 장기 주가 추세에 관해 알아본다. 이 종목은 최초 상장 시점(2016년 1월)에 9,000원으로 출발했다. 그 이후 주가 최고점인 10,920원에 도달하고 나서, 상한선인 10,000원과 하한선인 8,000원 사이의 박스권에서 횡보하는 추세를 보였다.

하지만 코로나 감염사태로 인해 최고점 대비 51% 폭락한 5,345원의 최저점에 도달했다. 그 후 V자 형태의 강한 반등세를 보이면서 9,280원까지 상승했다. 이는 최저점 대비 74% 상승했지만, 전고점과 비교해보면 아직도 85% 수준에 불과하다.

(도표 5-15) KINDEX 인도네시아 MSCI(합성) (종목코드 : 256440)

정비례 종목의 투자수익률

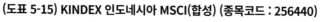

만약, 투자자가 1배 정비례 종목에 투자했더라면 기간별 수익률은 어느 정도일까? (도표 5-16)에서 과거의 투자수익률을 알 수 있다. 기준가격은 주식시장에서 형성되는 주가의 기준 금액을, 기초지수는 이 종목이 추종하는 주가지수(여기서는 인도네시아 MSCI지수)를

말한다.

이 종목이 처음 거래된 2016년 11월에 매수하여 현재까지 보유한다면 수익률이 (-)6.14%로 손실을 본 것으로 나타났다. 그 당시 1,000만 원을 투자했더라면 원금이 60만 원 줄어들었다는 것이다. 실제 같은 기간의 기초지수는 소폭(0.31%) 상승했다.

(도표 5-16) KINDEX 인도네시아 MSCI(합성)의 투자수익률

구분	1개월	3개월	6개월	1년	설정이후
기준가격	4.04%	26.81%	16.03%	-12.03%	-6.14%
기초지수	4.13%	27.22%	18.91%	-10.16%	0.31%

정비례 종목의 구성 명세

인도네시아 MSCI지수를 구성하는 31개 종목 중에서 시가총액 상위 10개 기업명과 업종 분류는 (도표 5-17)과 같다. 인도네시아가 신흥국인데도 불구하고, 금융과 소비재 섹터의 비중이 높다는 것이 두드러진 특징이다.

(도표 5-17) 인도네시아 MSCI의 구성 명세

No	회사명	업종	비중(%)
1	BANK CENTRAL ASIA	금융	22.33
2	BANK RAKYAT INDONESIA	금융	16.75
3	TELKOM INDONESIA	커뮤니케이션서비스	10.74
4	ASTRA INTERNATIONAL	경기소비재	8.67
5	BANK MANDIRI	금융	8.60
6	UNILEVER INDONESIA	필수소비재	3.55
7	CHAROEN POKPHAND INDO	필수소비재	3.00
8	BANK NEGARA INDONESIA	금융	2.99
9	UNITED TRACTORS	에너지	2.70
10	SEMEN INDONESIA	소재	2.30

05
필리핀 MSCI지수에
정비례하는 종목

필리핀 MSCI지수의 장기 추세

필리핀 MSCI지수는 필리핀 증권거래소에 상장된 전체 종목 중에서 시가총액(유동성과 거래대금 포함) 등 시장 대표성 요건을 충족한 44개 대형주로 구성된 지수(시가총액의 75% 수준 커버)이다. 2007년 5월 31일의 시가총액을 1,000포인트로 정해 산출한다. MSCI에서 2007년 5월부터 발표하고 있다.

우선 필리핀 MSCI 지수를 1배 정비례하는 종목의 주봉 차트인 (도표 5-18)을 분석하면서 장기 주가 추세를 알아본다. 이 종목은 최초 상장 시점(2016년 12월)에 16,000원으로 출발하여, 단 1년 만에 주가 최고점인 17.475원에 도달했다. 그 후에 주가 하한선인 13,000원과 상한선인 17,000원에서 횡보하다가, 코로나 감염사태로 인해 최고점 대비 48% 폭락한 9,110원의 최저점(2020년 3월)에 도달했다. 그 후 V자 형태의 강한 반등세를 보이면서 14,000원 수준까지 상승했다. 이는 최저점 대비 54% 상승한 것이지만, 전고점과 비교해 보면 아직도 80% 수준에 불과한 상황이다.

(도표 5-18) KINDEX 필리핀MSCI(합성) (종목코드 : 261920)

정비례 종목의 투자수익률

만약, 투자자가 1배 정비례 종목에 투자했더라면 기간별 수익률은 어느 정도일까? (도표 5-19)에서 과거의 투자수익률을 알 수 있다. 기준가격은 주식시장에서 형성되는 주가의 기준 금액을, 기초지수는 이 종목이 추종하는 주가지수(여기서는 필리핀 MSCI지수)를 말한다.

이 종목이 처음 거래된 2016년 12월에 매수하여 현재까지 보유
한다면 수익률이 (-)8.36%로 손실을 본 것으로 나타났다. 그 당시
1,000만 원을 투자했더라면 원금이 대략 83만 원 줄어들었다는 것
이다. 실제 같은 기간의 기초지수는 소폭(-3.87%) 하락했다.

(도표 5-19) KINDEX 필리핀MSCI(합성)의 투자수익률

구분	1개월	3개월	6개월	1년	설정이후
기준가격	-1.39%	12.12%	10.16%	-6.41%	-8.36%
기초지수	-1.31%	12.46%	17.09%	-12.16%	-3.87%

06
베트남VN30지수에
정비례하는 종목

베트남VN30지수의 장기 추세

베트남 VN30지수는 베트남 호치민 증권거래소에 상장된 종목 중에서 시가총액(유동성과 거래대금 포함) 등 시장 대표성 요건을 충족한 30개 대형주로 구성된 지수이다. 2009년 1월 2일의 시가총액을 313.34포인트로 정해 산출한다. 2012년 2월부터 호치민 증권거래소에서 발표하고 있다.

우선, 베트남 VN30지수를 1배 정비례하는 종목의 주봉 차트인 (도표 5-20)을 분석하면서 장기 주가 추세를 알아본다. 이 종목은 최초 상장 시점(2016년 7월)에 10,000원으로 출발하여, 2년 만에 주가 최고점인 16,500원(2018년 4월)에 도달했다. 상장 시초가 대비 65%의 수익률을 기록한 것이다. 그 후에 지속적인 하락 추세에 접어들어 최저점인 9,325원까지 내려갔다. 최고점 대비 44%의 손실을 보게 된 것이다. 그 후 V자 형태의 강한 반등세를 보이며 전고점을 갱신하면서 16,575원까지 상승했다. 최저점 대비 78% 상승한 것이다.

(도표 5-20) KINDEX 베트남VN30(합성) (종목코드 : 245710)

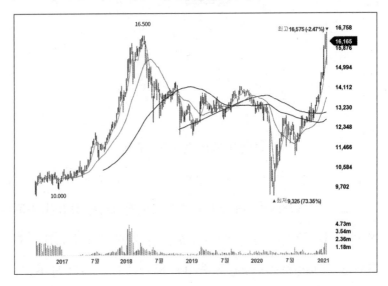

정비례 종목의 투자수익률

만약, 투자자가 1배 정비례 종목에 투자했더라면 기간별 수익률은 어느 정도일까? (도표 5-21)에서 과거의 투자수익률을 알 수 있다. 기준가격은 주식시장에서 형성되는 주가의 기준 금액을, 기초지수는 이 종목이 추종하는 주가지수(여기서는 베트남VN30지수)를 말한다.

이 종목이 처음 거래된 2016년 7월에 매수하여 현재까지 보유한 다면 수익률이 (+)63.44%를 기록했다. 그 당시 1,000만 원을 투자 했더라면 원금이 1,634만원으로 늘어났다는 것이다. 실제 같은 기 간의 기초지수는 거의 비슷한 수준인 (+)67.26% 상승했다.

(도표 5-21) KINDEX 베트남VN30(합성)의 투자수익률

구분	1개월	3개월	6개월	1년	설정이후
기준가격	9.41%	23.99%	33.13%	19.35%	63.44%
기초지수	9.69%	23.11%	33.39%	20.09%	67.26%

07
라틴35지수에
정비례하는 종목

라틴35지수의 장기 추세

라틴35지수는 미국 증권거래소 등에 상장된 라틴아메리카 기업의 주식예탁증서(ADR, American Depositary Receipt) 35개 종목의 시가총액을 가중 평균하여 산정하는 지수이다. 원래 라틴35지수의 정확한 영문명은 'The Bank of New York Mellon Latin America 35 ADR'으로, 뉴욕의 멜론 은행에서 산출하여 발표하고 있다.

우선, 라틴35지수에 1배 정비례하는 종목의 주봉 차트인 (도표 5-22)를 보면서 장기 주가 추세를 알아본다. 이 종목은 2008년 8월에 국내 주식시장에 최초로 상장되었다. 당시는 미국발 금융위기로 인해 세계적인 경기 침체가 우려되면서 주가가 하락세에 접어든 시기였다. 하지만 그 시련을 잘 버티고 상장 후 3년 만에 주가 최고점인 6,265원(2011년 1월)에 도달했다. 그 후에 장기 하락 추세를 보이면서 주가 최저점인 2,000원대를 두 번(2016년 2월과 2020년 3월)이나 찍었다. 최고가 대비 32% 하락한 것이다. 그 후에 V자 형태의 반등세를 보이기는 했지만, 아직도 주가는 전고점의 50% 수준인 3,200원대에 머문 상태이다.

(도표 5-22) TIGER 라틴35 (종목코드 : 105010)

정비례 종목의 투자수익률

만약, 투자자가 1배 정비례 종목에 투자했더라면 기간별 수익률은 어느 정도일까? (도표 5-23)에서 과거의 투자수익률을 알 수 있다. 기준가격은 주식시장에서 형성되는 주가의 기준 금액을, 기초지수는 이 종목이 추종하는 주가지수(여기서는 라틴35지수)를 말한다.

이 종목이 처음 거래된 2008년 8월에 매수하여 현재까지 보유한 다면 수익률이 (-)27.84%를 기록했다. 그 당시 1,000만 원을 투자 했다면 원금이 722만 원으로 쪼그라들었다는 뜻이다. 실제로 같은 기간의 기초지수는 (-)47.24%가 하락하면서 투자 손실 대비 2배나 더 떨어졌다.

(도표 5-23) TIGER 라틴35의 투자수익률

구분	1개월	3개월	6개월	1년	설정이후
기준가격	0.89%	27.35%	14.47%	-19.10%	-27.84%
기초지수	0.78%	27.24%	13.55%	-21.38%	-47.24%

1배 정비례 종목의 구성 명세

라틴35지수를 구성하는 35개 종목의 기업명과 시가총액 비중은
(도표 5-24)와 같다.

(도표 5-24) TIGER 라틴35의 구성 명세

No	종목명	수량(주)	평가금액(원)	비중(%)
1	Vale SA	2,837	54,367,104	17
2	Itau Unibanco Holding SA	4,002	25,183,329	7.88
3	Petroleo Brasileiro SA	1,897	22,166,156	6.93
4	Banco Bradesco SA	3,663	19,831,943	6.2
5	Petroleo Brasileiro SA	1,536	18,268,425	5.71
6	America Movil SAB de CV	886	13,836,133	4.33
7	Ambev SA	4,144	13,834,860	4.33
8	Fomento Economico Mexicano SAB de CV	165	13,414,458	4.2
9	Cemex SAB de CV	1,692	12,393,889	3.88
10	Suzano SA	791	10,797,645	3.38
11	Natura & Co Holding SA	468	9,652,123	3.02
12	Sociedad Quimica y Minera de Chile SA	134	8,532,267	2.67
13	Banco de Chile	254	6,094,900	1.91
14	Gerdau SA	1,178	6,028,546	1.89
15	Enel Americas SA	629	5,477,788	1.71
16	Bancolombia SA	126	5,370,263	1.68
17	Grupo Televisa SAB	565	5,305,129	1.66
18	Grupo Aeroportuario del Pacifico SAB de CV	44	5,234,592	1.64
19	Cia Siderurgica Nacional SA	713	4,862,533	1.52
20	Telefonica Brasil SA	491	4,491,670	1.4

No	종목명	수량(주)	평가금액(원)	비중(%)
21	Ecopetrol SA	275	4,249,210	1.33
22	Banco Santander Chile	173	4,183,548	1.31
23	Ultrapar Participacoes SA	872	4,079,505	1.28
24	Grupo Aeroportuario del Sureste SAB de CV	22	3,933,796	1.23
25	Banco Santander Brasil SA	419	3,616,745	1.13
26	BRF SA	817	3,472,277	1.09
27	Cia Energetica de Minas Gerais	1,130	3,276,150	1.02
28	Cia de Saneamento Basico do Estado de Sao Paulo	382	3,247,025	1.02
29	Cia de Minas Buenaventura SAA	251	3,029,373	0.95
30	Coca-Cola Femsa SAB de CV	58	2,981,591	0.93
31	Centrais Eletricas Brasileiras SA	403	2,770,516	0.87
32	Cia Brasileira de Distribuicao	173	2,758,634	0.86
33	Grupo Aeroportuario del Centro Norte SAB de CV	48	2,676,269	0.84
34	Enel Chile SA	556	2,564,516	0.8
35	TIM SA/Brazil	178	2,492,364	0.78
36	원화예금	5,277,901	5,277,901	1.65

우선, 이 종목들을 업종(섹터)별로 분류하여 그 비중을 살펴보면, 소재가 가장 큰 비중(29.05%)을, 뒤를 이어 금융(21.07%), 에너지 (15.50%), 필수 소비재(14.95%) 등으로 이들 4개 섹터가 대략 80% 의 비중을 점하고 있다. 여하튼 다른 신흥국의 주가지수와는 달리, 라틴35지수는 다양한 업종에 고루 분포되어 있다는 점이 주요 특징 이다.

(도표 5-25) 라틴35지수의 업종(섹터)별 비중

업종비중

구분	비중(%)
소재	29.05
금융	21.07
에너지	15.50
필수소비재	14.95
커뮤니케이션 서비스	8.38
유틸리티	5.74
산업	3.82

상위10종목

종목명	업종	비중(%)
Vale SA	소재	16.39
Itau Unibanco Holdi	금융	8.46
Petroleo Brasileiro	에너지	7.06
Banco Bradesco S	금융	6.62
Petroleo Bradesco S	에너지	5.83
America Movil SAB	커뮤니케이션 서비스	4.45
Ambev SA	필수소비재	4.44
Fomento Economic	필수소비재	4.29
Natura & Co Hildin	필수소비재	3.20
Suzano SA	소재	2.99

08
멕시코 MSCI지수에
정비례하는 종목

멕시코 MSCI지수의 장기 추세

멕시코 MSCI지수는 멕시코 증권거래소에 상장된 종목 중 시가총액(유동성과 거래대금 포함) 등 시장 대표성 요건을 충족한 60개 대형주로 구성된 지수(전체 시가총액의 99%을 커버)이다. 1998년 11월 30일의 시가총액을 1,000포인트로 정해 산출한다. 정식 명칭은 'MSCI Mexico IMI 25-50 Index'로, MSCI에서 2012년 11월부터 발표하고 있다.

우선, 멕시코 MSCI지수를 1배 정비례하는 종목의 주봉 차트인 (도표 5-26)을 분석하면서 장기 주가 추세를 알아본다. 이 종목은 최초 상장 시점(2018년 3월)에 10,000원으로 출발하여, 상한선인 11,000원과 하한선인 8,000원 사이의 박스권에서 단조롭게 움직였다. 하지만 2020년 초에 불어 닥친 코로나 감염사태로 인해 대폭락하면서 최저점인 5,605원까지 내렸다. 최고점인 11,065원 대비 (-)50%의 투자 손실을 기록한 것이다. 그 후 V자 형태의 반등세를 보이면서 8,750원까지 올라갔다. 최저점 대비 56% 상승한 것이다.

(도표 5-26) KINDEX 멕시코MSCI(합성) (종모코드 : 291130)

정비례 종목의 투자수익

만약, 투자자가 1배 정비례 종목에 투자했더라면 기간별 수익률은 어느 정도일까? (도표 5-27)에서 과거의 투자수익률을 알 수 있다. 기준가격은 주식시장에서 형성되는 주가의 기준 금액을, 기초지수는 이 종목이 추종하는 주가지수(여기서는 멕시코MSCI)를 말한다.

이 종목이 처음 거래된 2018년 3월에 매수하여 현재까지 보유한다면 수익률이 (-)13.67%를 기록했다. 그 당시 1,000만 원을 투자했더라면 원금 136만 원이 감소한 864만 원으로 쪼그라들었다는 뜻이다. 실제로 같은 기간의 기초지수는 거의 비슷한 수준인 (-)11.66%를 기록했다.

(도표 5-27) KINDEX 멕시코MSCI(합성)의 투자수익률

구분	1개월	3개월	6개월	1년	설정이후
기준가격	4.00%	17.76%	23.21%	-14.85%	-13.67%
기초지수	4.10%	18.01%	25.07%	-15.00%	-11.66%

제6장

ETP
자세히 들여다보기

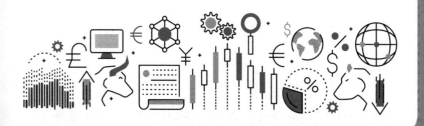

01
ETP, 그리고
ETF와 ETN

최근에 주식시장에서 각광받는 신종 금융상품으로 E시리즈가 있다. 이들 상품 용어를 정리하면 다음과 같다. 특히, 상장지수상품(ETP)은 상장지수펀드(ETF)와 상장지수증권(ETN)을 총칭하여 부르는 말이다.

- ETP = ETF + ETN
- ETP : Exchange Traded Products, 상장지수상품
- ETF : Exchange Traded Funds, 상장지수펀드
- ETN : Exchange Traded Notes, 상장지수증권

이들 금융상품이 지닌 의미를 살펴보면 다음과 같다.

ETF는 '자산운용사의 주력인 펀드를 주식시장에 상장시켜 투자

자 간에 거래할 수 있도록 설계한 금융상품'이다. 다시 말해, ETF는 자산운용사가 만든다는 점에서 펀드와 유사하다. 하지만 주식시장에 상장되어 투자자 간에 시시각각으로 사고팔 수 있다는 것이 주요 차이점이다.

한편, ETN은 '증권회사가 고객으로부터 투자자금을 위탁받아 운용하는데, 미래 약정한 날짜에 일정한 조건에 따라 특정 수익률을 지급하겠다고 약속한 금융상품'이다. ETN은 증권회사가 만든다는 것, 그리고 주식시장에 상장되어 투자자들 간에 자유롭게 거래된다는 것이 특징이다.

개인이 주식에 투자하는 방법은 크게 직접투자와 간접투자로 나뉜다. 그리고 펀드는 가장 전형적인 간접투자에 속한다. (ETF와 ETN 등을 합친) ETP의 뿌리는 펀드라 할 수 있다. 다음 절에서 펀드에 대해 알아보며 어떤 측면에서 ETP와 차이가 나는지 살펴보자.

02
주식형 ETF와
채권형 ETF

현재 국내 금융시장에는 약 6,000여개의 펀드가 만들어져 운용되고 있다. 국내 주식시장에 상장된 종목의 수치가 대략 2,000여개라는 점에 비추어 볼 때, 무려 3배나 많은 숫자이다. 일례로, 펀드 고르기가 주식 고르기보다 더 어려운 상황이다.

우선, 펀드를 유형별로 각각 구분하여 설명하면서, 그에 걸맞은 ETF에 대해 살펴볼 것이다.

주식형 ETF

자산운용사가 만드는 펀드는 투자대상에 따라 주식형 펀드와 채권형 펀드로 구분된다. '주식형 펀드'는 보유 자산의 60% 이상을 주식에 투자하도록 설계된 펀드를 말한다. 원래 펀드매니저는 주식시장의 상황에 따라 주식의 편입비율을 달리한다. 예를 들어, 주식시장 상황이 좋으면 투자자금 전액을 주식에 투자하는 반면, 주식시장 상황이 나빠지면 주식을 매도해 전체 펀드 자산의 60% 수준까지만 주식으로 보유하기도 한다.

주식형 펀드는 투자하는 주식의 유형과 기대수익 등에 따라 가치주형, 성장주형, 배당주형, 대형주형, 중소주형 등으로 세분된다.

주식형 ETF는 투자자금을 운용하는 방식이 주식형 펀드와 거의 유사하다. 다만, 주식형 펀드는 비상장 금융상품인 데 반해, 주식형 ETF는 주식시장에 상장되어 일반 주식(예를 들어, 삼성전자나 현대차

(도표 6-1) 주식형 ETF : 거래량 상위 종목

종목명	현재가	전일비	등락률	NAV	3개월수익률	거래량	거래대금(백만)
KODEX 200	43,025	▼ 470	-1.08%	43,107	+28.10%	15,782,048	677,606
KODEX 코스닥 150 레버리지	15,320	▼ 185	-1.19%	15,458	+29.21%	8,782,786	133,948
TIGER 200	42,885	▼ 450	-1.04%	42,941	+28.16%	3,493,147	149,345
KODEX 코스닥 150	14,675	▼ 75	-0.51%	14,807	+14.52%	2,051,685	30,012
KBSTAR 200	43,130	▼ 460	-1.06%	43,204	+28.24%	578,669	24,894
TIGER 코스닥 150	14,730	▼ 100	-0.67%	14,886	+14.34%	388,876	5,706
ARIRANG 200	43,375	▼ 455	-1.04%	43,431	+28.31%	326,032	14,101
HANARO 200	43,020	▼ 485	-1.11%	43,098	+28.14%	297,822	12,770
KODEX MSCI Korea TR	13,865	▼ 135	-0.96%	13,873	+28.38%	265,151	3,671
KOSEF 200	43,190	▼ 475	-1.09%	43,245	+28.31%	221,277	9,509
KINDEX 200	43,310	▼ 465	-1.06%	43,389	+28.30%	206,396	8,919
TREX 200	43,330	▼ 485	-1.11%	43,404	+27.96%	186,158	8,035
SMART 200TR	14,400	▼ 145	-1.00%	14,433	+28.09%	159,522	2,294
TIGER 코스닥150 레버리지	16,255	▼ 210	-1.28%	16,383	+29.09%	92,462	1,497
KODEX 200TR	13,865	▼ 120	-0.86%	13,876	+28.01%	78,100	1,080

등)처럼 거래된다는 점에서 차이가 있다. (도표 6-1)은 국내 주식시장에서 거래되는 주식형 ETF 중에서 거래량이 많은 종목을 나열한 것이다.

채권형 ETF

'채권형 펀드'는 보유 자산의 60% 이상을 채권에 투자하는 펀드다. 일단, 채권형 펀드는 시장금리가 변동하면서 수익률이 달라진다. 채권에 투자할 때 반드시 알아두어야 할 사항이 있다. 금리와 채권가격은 반대 방향으로 움직인다는 것이다.

원래 금리는 금융시장에서 자금의 공급과 수요에 따라 결정된다. 하지만 정부(한국은행 포함)가 기준금리를 인상 혹은 인하하면서 시장금리에 다음과 같은 영향을 미치기도 한다.

첫째로, 정부가 (과다한 수요로 인해 물가가 상승하는 등 경제가 과열되자, 이를 진정시키기 위해) 금리를 인상하면, 시장금리가 저점에서 상승하면서 채권 가치는 하락한다. 이에 따라 채권형 펀드의 수익률이 떨어지거나, 심지어 마이너스(-) 수익률로 인해 투자 원금이 줄어들기도 한다. 이 경우 채권형 펀드의 신규 가입을 늦추거나, 될 수 있으면 채권 만기가 짧은 '단기 국고채형'에 가입하는 것이 유리하다. 이와 더불어, 보유하고 있는 채권형 ETF를 매도할 시점이다.

둘째로, 정부가 (과다한 공급으로 인해 물가가 하락하면서 기업의 도산이 늘어나는 등 경제가 부진한 양상을 보이자, 이를 활성화하기 위해) 금리를 인하하면, 시장금리가 고점에서 하락하면서 채권 가치는 상승한다. 이에 따라 채권형 펀드의 경우 이자수익 외에 평가차익까지 발생해 투자 수익률이 올라간다. 채권형 펀드에 서둘러 가입하거나, 채권 만기가 긴 '장기 국고채형'에 가입하는 것이 훨씬 유리하다. 특히, 채권형 ETF를 적극 매수할 시점이다.

채권형 펀드는 투자하는 채권의 유형과 기간 등에 따라 단기 국

(도표 6-2) 채권형 ETF : 거래량 상위 종목

종목명	현재가	전일비	등락률	NAV	3개월수익률	거래량	거래대금(백만)
KOSEF 단기자금	100,935	0	0.00%	100,983	+0.16%	997,225	100,660
KBSTAR 단기통안채	104,285	0	0.00%	104,292	+0.15%	699,873	72,987
TIGER 미국달러 단기채권액티브	9,490	▲ 60	+0.64%	N/A	-0.68%	105,521	1,001
TIGER 미국채10년선물	11,465	▲ 20	+0.17%	N/A	-2.01%	90,771	1,040
KOSEF 통안채1년	101,135	0	0.00%	101,140	+0.22%	84,151	8,509
KOSEF 국고채10년	121,775	▼ 25	-0.02%	121,749	-1.14%	23,503	2,857
KODEX 단기채권	102,715	▲ 5	0.00%	102,710	+0.14%	15,979	1,641
TIGER 국채3년	111,305	▲ 45	+0.04%	111,293	+0.18%	14,334	1,594
KODEX 미국채울트라 30년선물	12,230	▼ 115	-0.93%	N/A	-7.42%	13,598	166
KODEX 미국채 10년선물	11,370	▲ 20	+0.18%	N/A	-1.69%	12,488	141
KODEX 종합채권 (AA-이상)액티브	109,590	▼ 10	-0.01%	109,552	-0.56%	12,267	1,343
TIGER 단기채권액티브	50,050	▲ 5	+0.01%	50,048	+0.11%	12,069	604
KODEX 단기채권PLUS	102,970	▼ 5	0.00%	102,974	+0.17%	12,044	1,240
KINDEX 국고채3년	107,345	▼ 15	-0.01%	107,330	+0.21%	10,128	1,086
KBSTAR 중기우량회사채	105,530	▼ 15	-0.01%	105,486	+0.85%	7,924	836

고채형, 장기 국고채형, 회사채형 등으로 구분된다. 채권형 ETF는 자금의 운용 방식이 채권형 펀드와 거의 유사하다. 다만, 채권형 ETF는 주식시장에서 거래된다는 점에서 차이가 난다. (도표 6-2)는 국내 주식시장에서 거래되는 채권형 ETF 중에서 거래량이 많은 종목을 예시한 것이다.

혼합형 펀드

'혼합형 펀드'는 주식과 채권 각각을 전체 펀드 자산의 60%를 넘지 않도록 섞어서 투자하는 펀드를 말한다. 예를 들어 채권에 40%, 주식에 40%, 나머지 20%는 은행예금이나 증권회사 금융상품 등에 투자하는 방식이다.

03
국내 ETF와
해외 ETF

펀드는 투자 대상 지역에 따라 국내펀드와 해외펀드로 구분된다.

'국내펀드'는 펀드 자산을 국내 주식이나 채권 등에 투자하는 상품이고, '해외펀드'는 해외 주식이나 채권 등에 투자하는 상품이다. 지역별 ETF는 지역 펀드와 모든 면에서 거의 유사하다. 단지, 주식시장에서 상장되어 거래된다는 점에서 차이가 있다.

먼저 국내 주식시장에서 거래되는 지역별 ETF 중에서 거래량이 많은 종목으로 (도표 6-3)은 국내 업종별 ETF 종목이고, (도표 6-4)는 해외 ETF 종목이다.

각각의 지역별 펀드 및 지역별 ETF의 주요 차이점과 투자할 때 유의할 사항을 정리해본다.

수수료에서 차이가 난다

　국내펀드는 (투자 정보를 쉽게 접할 수 있는) 국내 상품에 투자하기 때문에 수수료가 비교적 저렴하다. 반면에, 해외펀드는 (해외에 있는 자산에 투자하다 보니 외국 전문가들의 조언을 받아야 하는 등) 시간과 비용이 더 많이 소요되기 때문에, 국내펀드에 비해 수수료가 높게 책정될 수밖에 없다. 이와 유사하게, 해외 ETF 수수료가 국내 ETF 수수료에 비해 약간 높은 수준으로 나타난다.

(도표 6-3) 국내 업종 ETF : 거래량 상위 종목

종목명	현재가	전일비	등락률	NAV	3개월수익률	거래량	거래대금(백만)
KODEX 2차전지산업	20,425	▲ 60	+0.29%	20,490	+62.47%	2,880,237	58,682
TIGER 2차전지테마	18,690	▲ 120	+0.65%	18,687	+56.91%	1,875,530	34,765
TIGER KRX BBIG K-뉴딜	13,860	190	-1.35%	13,846	+35.36%	1,662,958	22,983
TIGER TOP10	15,425	215	-1.37%	15,426	+37.37%	1,447,606	22,288
KODEX 은행	6,445	▲ 45	+0.70%	6,458	+2.56%	1,416,104	9,143
TIGER KRX 2차전지 K-뉴딜	18,375	▲ 130	+0.71%	18,459	+64.07%	1,331,162	24,313
KODEX 증권	7,995	70	-0.87%	8,037	+13.59%	867,364	6,949
KBSTAR IT플러스	22,465	235	-1.04%	22,479	+35.93%	697,871	15,639
KODEX 자동차	24,445	420	-1.69%	24,440	+42.98%	619,987	15,151
TIGER 200IT	41,830	340	-0.81%	41,865	+48.02%	580,531	24,165
KBSTAR ESG 사회책임투자	14,135	145	-1.02%	14,141	+31.31%	558,691	7,887
KBSTAR Fn수소경제테마	13,630	95	-0.69%	13,660	+29.60%	497,612	6,782
KODEX 건설	3,250	▲ 10	+0.31%	3,266	+31.44%	437,963	1,418
TIGER 소프트웨어	17,665	175	-0.98%	17,650	+32.20%	413,785	7,269
KODEX 반도체	37,500	205	-0.54%	37,546	+33.71%	365,523	13,626

(도표 6-4) 해외 ETF : 거래량 상위 종목

종목명	현재가	전일비	등락률	NAV	3개월수익률	거래량	거래대금 (백만)
TIGER 차이나전기차 SOLACTIVE	14,015	▲ 5	+0.11%	N/A	N/A	1,412,833	19,786
TIGER 차이나항셍테크	13,525	▲ 365	+2.77%	N/A	N/A	847,989	11,321
KODEX 차이나항셍테크	13,560	▲ 370	+2.81%	N/A	N/A	826,102	11,050
KODEX 미국FANG플러스(H)	29,390	▲ 115	+0.39%	N/A	+30.87%	520,957	15,271
KBSTAR 미국S&P원유생산기업	3,420	▲ 35	+1.03%	N/A	+53.17%	488,416	1,673
KINDEX 베트남VN30(합성)	16,315	▲ 500	+3.16%	N/A	+20.73%	461,474	7,483
KBSTAR 미국나스닥100	11,370	20	0.18%	N/A	+14.47%	417,589	4,739
TIGER 차이나CSI300	13,310	▲ 65	+0.49%	N/A	+22.50%	377,567	5,007
TIGER 글로벌4차산업혁신기술	18,440	200	1.07%	N/A	+18.31%	268,425	4,938
KODEX 미국러셀2000(H)	14,785	260	1.73%	N/A	+30.26%	232,660	3,434
KINDEX 미국S&P500	11,050	0	0.00%	N/A	+8.77%	214,411	2,364
TIGER 미국S&P500	10,995	▲ 5	+0.05%	N/A	+9.07%	213,180	2,338
KODEX 한국대만IT프리미어	20,405	▲ 40	+0.20%	N/A	+34.82%	151,517	3,084
KODEX 미국S&P에너지(합성)	5,840	▲ 75	+1.30%	N/A	+26.56%	151,270	880
TIGER 미국S&P500선물(H)	45,805	285	0.62%	N/A	+9.50%	145,766	6,666

환차손익에서 차이가 난다

국내펀드는 국내 상품이기 때문에 원화로 거래된다. 반면에, 해외펀드는 국내에서 조달한 원화를 그 지역의 통화로 환전해 투자하기 때문에 환율의 영향을 받는다. 예를 들어 미국에 투자하는 해외펀드는 원화를 달러로, 유럽에 투자하는 해외펀드는 원화를 유로로 바꿔서 투자한다. 한편, 해외펀드에 투자한 자금을 회수하는 경우에는 외화를 원화로 다시 바꿔야만 한다.

이러한 환전에 따라 환차손(환차익)이 발생하기 때문에, 해외펀드

수익률은 운용하는 자산의 가격 등락뿐만 아니라, 그 나라의 환율 변동에도 영향을 받는다. 다시 말해, 환율 변동은 해외펀드에 투자할 때 고려해야 할 사항이다. 그리고 해외 ETF에 투자할 때에도 환율 변동에 신경을 써야 한다.

펀드 가입 및 환매 시점에 차이가 난다

투자자는 펀드 가입 시간을 전략적으로 선택할 필요가 있다. 국내 주식시장의 폐장시간은 오후 3시 30분이다. 만약 폐장시간 이전에 펀드에 가입하면 당일 종가에 따른 기준가격으로 처리한다. 하지만 그 이후에 가입하면 다음 날 종가에 따른 기준가격으로 처리한다.

이와 마찬가지로 펀드를 (금융상품의 만기 이전에 중도 해약과 유사한) 환매하는 시점도 달라진다. 주식의 폐장시간 이전에 환매하면 당일 종가로 처리하지만, 그 이후에 환매하면 다음 날 종가로 처리한다. 특히, 해외펀드의 가입과 환매 시점도 그 나라 주식시장의 개장 및 폐장시간의 영향을 받는다.

반면에, ETF는 투자자가 매매 시점과 가격을 자유롭게 정할 수 있다. 다시 말해 펀드의 가입 및 환매와는 달리, 투자자는 주식시장에서 실시간으로 변동하는 ETF의 가격을 지켜보면서, 자신에게 보다 유리한 시점과 가격을 정해 매수하거나 매도할 수 있다. ETF가 펀드와 차별화되는 주요 특징 중 하나이다.

자금의 인출 시점에 차이가 난다

펀드 자금을 인출하는 시간도 차이가 난다. 주식 폐장시간인 오후 3시 30분 이전에 환매를 신청하면, 제2영업일 기준가격으로 제4영업일에 계좌에 입금된다. 하지만 폐장시간 이후에 환매하면 제3영업일 기준가격으로 제4영업일에 입금된다.

하지만 해외펀드는 그 절차가 더 복잡하다. 해외펀드가 보유하는 해외재산을 매도하고 나서 일정 기간(제2영업일 소요)이 지나서야 외화를 받아 낼 수 있다. 그 후 해외은행에서 국내은행으로 외화를 송금 받아야 하고(지역별로 제3~6영업일 소요), 외화를 다시 원화로 환전한 후에야 환매한 자금이 드디어 계좌에 입금된다. (국가별로 약간의 차이는 있지만) 대략 10~15일이 소요된다. 이러한 복잡한 절차로 인해, 해외펀드는 3~4일 이후의 기준가격으로 결정되기 때문에, 만약 그동안 주가가 급등락하면 수익률에 큰 차이가 날 수 있다.

반면에, 국내 ETF(해외 ETF 포함)의 경우, 투자자는 주식시장에서 실시간으로 변동하는 ETF의 가격을 지켜보면서, 자신에게 유리한 시점과 가격을 정해 매도할 수 있다. 이와 동시에 매도한 날로부터 제2영업일이 되는 시점에 대금이 증권계좌로 자동 입금된다. 즉, 국내외 ETF는 매도일로부터 제2영업일이 지나면 언제라도 자금 인출이 가능하다는 것이다.

04
개방형 펀드와
인덱스 펀드, ETF

개방형 펀드와 폐쇄형 펀드

펀드는 투자하는 동안 입출금이 가능한지 아닌지에 따라 개방형 펀드와 폐쇄형 펀드로 구분된다.

우선 '개방형 펀드'란 펀드를 운용하는 기간에 자유롭게 입출금이 가능한 펀드를 말한다. 개방형 펀드에 가입한 투자자는 돈이 필요하면 언제라도 환매 절차를 거쳐 투자자금을 회수할 수 있다. 물론 신규 가입 역시 언제라도 가능하다.

원래, 은행에서 대출을 받고 나서 만기일 이전에 상환하면 중도상환수수료라는 페널티를 내야만 한다. 이와 마찬가지로 펀드에 가입한 후 최소 투자 기간 이내에 해약하면 중도 환매수수료를 부담해야 한다.

보통 펀드마다 약간씩 차이가 나지만, 가입 후 3개월 이내에 환매하면 수익의 70%를, 가입 후 6개월 이내에 환매하면 수익의 30%를 중도 환매수수료로 공제하고 난 잔액만을 지급한다. 그 이유는 투자자들의 초단기 투자를 억제하고, 펀드매니저가 안정적으로 펀드를 운용할 수 있으며, 환매에 따른 사무비용에 충당하기 위해서이다.

반면에, '폐쇄형 펀드'는 펀드의 만기가 도래해야만 출금이 가능한 펀드를 말한다. 한때 국내 자산운용사가 베트남 등 신흥국가 주식에 투자하는, 만기가 3년 이상에 달하는 폐쇄형 펀드를 출시한 적이 있었다. 당초 약정한 만기일이 도래하기 전까지 자금을 인출할 수 없는 펀드라는 사실을 모르고 이 폐쇄형 펀드에 가입해 극도의 자금난에 시달린 사람들이 있었다.

한편, 국내 주식시장에서 거래되는 ETF는 개방형 펀드와 유사하다. 특히 ETF는 언제라도 사고팔 수 있으며, 만기가 없어서 중도 환매수수료의 부담 없이 자유롭게 투자자금을 회수할 수 있다.

액티브 펀드

주식형 펀드는 목표로 정하는 수익률을 기준으로 액티브 펀드(active fund)와 인덱스 펀드(index fund)로 구분된다.

우선, 액티브 펀드는 펀드매니저의 판단에 따라 시장 평균 수익률을 초과하는 수익률을 목표로 적극적인 운용전략을 구사하는 펀드를 의미한다. 여기서 시장 평균 수익률이란 보통 주가지수의 평균 상승률을 말한다. 예를 들어 코스피가 일정 기간 10% 상승하면, 액티브 펀드는 '10%+알파(예를 들어 15%)'를 목표로 한다.

원래 액티브 펀드를 운용하는 펀드매니저는 초과수익률을 올리기 위해 다음의 방법을 사용한다.

첫째, 펀드매니저는 시기별로 주식의 비중을 조절한다. 예를 들어, 주식시장이 추세적으로 상승하는 시기라고 판단되면 채권을 팔아 주식을 매수함으로써 수익률을 높인다. 반면에, 주식시장이 하락추세에 접어드는 시기라 생각되면 주식 비중을 줄이고 채권을 매입함으로써 수익률을 방어한다.

둘째, 펀드매니저는 테마별로 종목의 비중을 조절한다. 예를 들어, 주식시장의 상황에 따라 주가지수나 산업지수 중에서 더 높은 수익이 기대되는 종목을 고른다. 또는 떠오르는 특정 테마 등을 감안해 개별 종목을 골라서 그 비중을 높이는 방식으로 운용한다. 다시 말해, 반도체의 시황이 좋으면 IT 종목을 매수하고, 연말에는 배당주의 비중을 늘려 수익률을 높인다.

근본적으로, 액티브펀드는 다른 유사한 펀드보다 더 높은 수익률을 얻는 것이 목표이므로 많은 비용이 발생한다. 예를 들어, 빈번한 매매에 따른 매매수수료와 증권거래세금, 유능한 펀드매니저를 채용하는 데 들어가는 인건비, 펀드 가입을 촉진하기 위한 광고 및 판촉비 등이 들어간다. 이러한 펀드 운용비용은 모두 가입자들이 부담할 수밖에 없다. 보통 액티브 펀드 가입자는 가입금액에 연 1.5~3% 수준의 운용수수료를 내야 한다.

인덱스펀드

인덱스펀드는 주가지수의 변동률에 따라 수익률이 결정되도록 설계된 펀드를 말한다. 예를 들어 코스피가 일정 기간 10% 상승하면, 액티브 펀드는 10%의 수익률 달성을 목표로 한다.

당초, 주가지수를 인덱스(index)라 하는 데서 인덱스펀드라는 명칭이 붙었다. 인덱스펀드는 주가지수를 추종하는 소극적인 펀드다. 따라서 주가지수를 구성하는 개별 종목들의 비중에 따라 펀드 자산을 배분하는 방식을 따른다.

인덱스펀드 운용에는 주가지수의 변동률과 펀드 수익률 차이를 조정하는 업무 이외에 별다른 노력이 거의 들어가지 않는다. 그만큼 펀드를 운용하는데 드는 비용이 비교적 적게 발생하므로 운용수수료 역시 저렴하다. 보통 인덱스펀드의 수수료는 연 0.35~1.5% 수준이다.

현재, 국내 주식시장에서 거래되는 주식형 ETF는 인덱스펀드와 거의 유사하다. 다시 말해, 주식형 ETF는 코스피나 코스닥지수의 변동률만큼의 수익률 달성을 목표로 한다. 특히 연 운용수수료는 0.35~0.75%로서 인덱스펀드 보다 더욱 저렴하다.

05
환리스크를
헤지(hedge)하는 방법

국내 투자자가 해외 주식을 매매하려면 (우리나라 돈인 원화가 아닌) 그 나라의 통화인 외화가 필요하다. 일례로, 미국 주식을 사려면 미국 달러가, 유럽 주식을 사려면 유로가 있어야 한다. 해외 투자는 원화를 외화로 환전하는 절차를 거쳐야만 가능하다.

이러한 환전에 따라, 해외 주식에 투자할 때에는 2가지 수익(손실)이 발생한다. 바로 주가 차익(주가 차손)과 환차익(환차손)이다. 실제 투자 사례를 통해 각각의 상황별 수익률을 따져 본다.

환율과 주가 상승

가령, 개인투자자 A가 미국의 상장회사인 B사 주식 1주를 1,000 달러에 매수하는데, 이때 원/달러 환율이 1,000원이라고 하자. 이에 따라 100만 원을 (1달러당 1,000원으로 나눈) 1,000달러로 환전하고 나서 B사 주식 1주를 매입한 상황이다.

원화 투자액 = 1,000달러 X 1,000원/달러 = 1,000,000원

만약 투자한 지 1년 후, A가 B사 주식을 10%가 상승한 1,100달러에 매도하고, 원/달러 환율이 10%가 오른 1,100원이라면, 투자 수익률은 (+)21%로 나타난다.

원화 투자 회수액 = 1,100달러 X 1,100원 = 1,210,000원
투자수익 = 1,210,000원 − 1,000,000원 = 210,000원
투자 수익률 = 210,000원 / 1,000,000원 = (+)21%

결국, 국내 투자자가 해외 주식을 거래할 때에는 원/달러 환율이 상승하고, 동시에 매수한 주식의 주가가 상승해야 환차익과 주가 차익 등 이중으로 이익을 얻게 된다.

환율과 주가 하락

앞의 상황과는 달리, 해외 주식을 매수한 이후에 환율과 주가가 모두 하락한다면 그 수익률은 어떻게 될까? 투자한 지 1년 후에 A가 B사 주식을 10%가 하락한 900달러에 매도하고, 원/달러 환율이 10%가 내린 900원이라면, (-)19%의 투자 손실을 보게 된다.

원화 투자 회수액 = 900달러 X 900원 = 810,000원
투자 손실 = 810,000원 - 1,000,000원 = (-)190,000원
투자 수익률 = (-)190,000원 / 1,000,000원 = (-)19%

환율과 주가의 변동 상황 정리

원래 환율과 주가는 같이 상승 혹은 하락하기도 하지만, 간혹 그 등락이 서로 엇갈리기도 한다. 일례로 환율이 상승하는데 주가가 하락하거나, 반대로 환율이 하락하는데 주가가 상승하는 상황이다. (도표 6-5)에서 각 상황별 수익률을 정리했다.

(도표 6-5) 투자 수익률 : 환율 변동에 오픈된 상황

구분		주가	
		10% 상승	10% 하락
환율	10% 상승	(+) 21%	(-) 1%
	10% 하락	(-) 1%	(-) 19%

만약에, 환율이 10% 하락하고 주가는 10% 상승하면 수익률은 다음과 같다.

원화 투자 회수액 = 1,100달러 X 900원 = 990,000원
투자 손실 = 990,000원 - 1,000,000원 = (-)10,000원
투자 수익률 = (-)10,000원 / 1,000,000원 = (-)1%

다음으로 환율이 10% 상승하고, 주가는 10% 하락할 때의 수익률이다.

원화 투자 회수액 = 900달러 X 1,100원 = 990,000원
투자 손실 = 990,000원 − 1,000,000원 = (-)10,000원
투자 수익률 = (-)10,000원 / 1,000,000원 = (-)1%

환율 변동을 헤지하는 방법

국내 투자자가 해외 주식을 매수한다면 주가차손익은 회피할 수 없는 손익이다. 다시 말해, 주식 투자에 따른 손익을 없애는 유일한 방법은 아예 투자하지 않는 것이다. 반면에, 해외 투자에 부수적으로 나타나는 환차손익은 소멸시키는 방법이 있다. 선물환, 통화선물, 스와프 등의 파생상품을 활용하는 것이다.

일례로, 앞의 사례에서 국내 투자자가 현재 시점에 금융기관에 (원/달러 환율 1,000원을 적용하여) 원화 100만 원을 외환 1,000달러로 환전하면서, 동시에 투자가 종료되는 1년 후에 (원/달러 환율 1,000원을 동일하게 적용하여) 1,000달러를 100만 원으로 재차 환전하는 계약을 체결하는 방식이다.

현재 시점에 원화를 외환으로 환전하는 방식을 현물환거래라 하고, 이때에는 현물환율이 적용된다. 한편, 미래 약정된 시점(이 사례에서는 1년 후)에 외환을 원화로 환전하는 방식을 선물환거래라고

하고, 이때에는 선물환율이 적용된다. 보통, 선물환율은 현물환율과 비교하면 (정기예금이나 국채) 이자율만큼 높은 수준에서 형성되지만, 현재 저금리 상황에 따라 그 차이가 없다고 가정한다. 특히, 스와프란 현재 시점에 현물환거래를 하면서 미래 시점에 선물환거래를 동시에 체결하는 거래 방식을 말한다.

앞의 사례에서 국내 투자자가 해외 주식을 매수하는 시점에 (투자가 종료되는 1년 후에 외환을 원화로 환전할 수 있는) 선물환거래를 체결했다고 가정하면, 주가와 환율 변동에 따른 수익률은 (도표 6-6)처럼 나타난다. 다시 말해, 환율 변동이 투자 수익률에 영향을 미치지 않는다.

(도표 6-6) 투자 수익률 : 환율 변동을 헤지한 상황

구분		주가	
		10% 상승	10% 하락
환율	10% 상승	(+) 10%	(-) 10%
	10% 하락	(+) 10%	(-) 10%

일반적으로 자산운용사는 펀드나 ETF를 설계하면서 선물환이나 스와프 등의 파생상품을 활용해 환율 변동 위험을 없애려고 노력하고 있다. (도표 6-7)에서 보듯이, 각종 ETF 상품명 뒤에 (H)가 표시된 것은 환헤지(F/X Hedge) 상품이라는 뜻이다. 다시 말해, 환율 변동에 따른 위험에 대해 안전장치를 두어 환율이 변동하더라도 수익률에 영향을 미치지 않는다는 뜻이다. 반면에, 그 표시가 없는 종

(도표 6-7) S&P500지수에 정비례 및 반비례하는 종목

종목명	종목코드	수수료율	상장주식수 (천주)	거래량 (주)
TIGER 미국S&P500선물(H)	143850	0.300%	3,300	58,104
KINDEX 미국S&P500	360200	0.070%	8,700	178,445
KODEX 미국S&P500선물(H)	219480	0.250%	5,750	58,537
TIGER 미국S&P500	360750	0.070%	11,100	444,194
TIGER 미국S&P500레버리지(합성 H)	225040	0.590%	4,400	21,837
미래에셋 레버리지 S&P500 ETN(H)	590010	0.900%	2,000	66
TRUE 레버리지 S&P500 선물 ETN(H)	570022	0.890%	5,000	5,648
신한 레버리지 S&P500 선물 ETN	500050	0.800%	2,000	435
TIGER 미국S&P500선물인버스(H)	225030	0.590%	2,250	43,946
미래에셋 인버스 S&P500 ETN(H)	590011	0.900%	2,000	723
TRUE 인버스 2X S&P500 선물 ETN(H)	570023	0.890%	5,000	46,743
신한 인버스 2X S&P500 선물 ETN	500051	0.800%	2,000	12,124

(주1) 종목명 마지막에 표시된 (H)는 헤지(Hedge)의 약자로서 선물환 계약 등을 통해 환율이 변동하더라도 투자수익에 영향을 미치지 않는다는 것이고, 반면에 (H) 표시가 없으면 환리스크에 오픈(open)된 상태로서 환율 변동에 따라 투자수익이 등락함

목은 환율 변동에 따라 수익률이 변동될 수 있다.

여기서 해외 투자할 때 환율 변동에 대처하는 방법을 제시한다면, 환율이 하락하는 상황이라면(원화 강세 외화 약세) 환헤지 종목을 골라 투자한다. 반면에, 환율이 상승하는 때라면(원화 약세 외화 강세) 환헤지를 하지 않는 종목에 투자한다.

환율 변동을 헤지할 때의 문제점

현재, 국내 주식시장에서 거래되는 해외 ETF의 경우 환율 변동 위험을 완벽하게 헤지하지는 못하고 있다. 그 주된 이유는 다음과 같다.

첫째, 해외 투자 원금 이외의 부분에 대한 헤지가 곤란하다. 일례로 선물환이나 스와프 등을 통해 투자 원금은 당초에 헤지할 수 있다. 또한, 주가 하락으로 인해 손실이 발생하면 원금이 줄어들기 때문에, 환율이 변동하더라도 크게 문제가 발생하지 않는다. 하지만, 해외에 투자하는 시점에 주가 상승에 따라 발생할 이익이 어느 정도일지 예측하기 어렵기 때문에, 선물환 계약 등의 헤지 거래가 곤란하다.

둘째, 국내 금융시장에서 1년 이상 장기간에 걸친 선물환거래가 제대로 이루어지지 않고 있다. 따라서 투자 시점에 최장 1년짜리 선물환 계약 등을 체결하고 난 후, 만기가 도래하기 직전에 1년짜리 선물환 계약 등으로 재차 연장하는 방식을 취한다. 따라서 투자 기간이 정해지지 않아 (최소 3년에서 최장 10년 이상) 장기간에 걸쳐 투자하는 ETF의 경우, 간혹 환율이 급변동할 때 선물환거래 등의 연장 계약을 체결하지 못할 수 있다.

06
ETF의 상장과
폐지 요건

ETF의 설계도

ETF 시장은 크게 발행시장과 유통시장으로 구분된다. 발행시장은 그 종목의 주식을 신규로 발행하거나, 이미 발행된 주식을 없애는(소각하는) 시장을 말한다. 반면에, 유통시장은 발행된 주식을 투자자들 끼리 거래하는 시장을 말한다. 우선, 발행시장에 대해 알아보자.

국내에서 ETF를 새로 만들거나 운용하는 업무는 오직 자산운용 사만 할 수 있다.

첫 단계로, 자산운용사는 특정 종목을 설계하는 작업을 시행한다. 예를 들어, 미래에셋자산운용이 S&P500지수에 따라 주가가 움직이는 종목을 설계한다고 하자. 이 종목의 기초지수(혹은 추종지수)는 S&P500지수가 된다. 이 종목의 설계에 대한 자세한 내용은 (도표

6-8)을 참조하라.

(도표 6-8) TIGER 미국S&P500선물(H)의 설계도

구분	내용
명칭	미래에셋 TIGER S&P500선물 증권 상장지수투자신탁(주식-파생형)
규모	152,297,319,396원
종목코드(단축코드)	143850
거래단위	1주
최초상장일	2011-07-15
기초지수	S&P 500 Futures Index(ER)
운용목표	스탠다드앤푸어스(Standard&Poor's)가 발표하는 S&P 500 Futures Excess Return Index의 수익률 추종을 목적으로 함
운용방법	시카고상업거래소(CME, Chicago Mercantile Exchange)에서 거래되는 S&P 500 지수선물을 주된 투자대상으로 하되, 파생상품투자에 따른 위험평가액 한도(순자산총액의 100% 초과 금지)관리를 효율적으로 수행하기 위해 S&P 500 관련 ETF를 일부 편입
환헤지 사항	환헤지를 실시 여부 ○(환헤지 통화 : 달러)
설정단위(1CU)	25,000좌
총보수	연 0.30% (운용: 0.20%, 지정참가: 0.03%, 신탁: 0.03%, 일반사무: 0.04%)
과세내용	매매차익은 배당소득세 과세(보유기간 과세) : Min(매매차익, 과표증분) X 15.4% 분배금은 배당소득세 과세 : Min(현금분배금, 과표증분) X 15.4%
분배금 지급 기준일	- 지급기준일 : 회계기간 종료일(다만 회계기간 종료일이 영업일이 아닌 경우 그 직전 영업일) - 지급 시기 : 지급기준일 익영업일로부터 제7영업일 이내
지정참가회사(AP)	미래에셋대우, 신한금융투자, NH투자증권, 한국투자증권
유동성공급자(LP)	미래에셋대우, 신한금융투자, NH투자증권, 한국투자증권

ETF의 상장 요건

자산운용사는 ETF를 설계할 때 한국거래소에서 정한 다음의 상장 요건을 모두 충족해야 한다.

첫째, 자본금은 100억 원 이상이고 발행할 주식 총수는 10만 주 이상이어야 한다.

둘째, ETF는 기초지수를 따르는 일종의 인덱스 펀드이므로, 먼저 추종하고자 하는 기초지수를 결정해야 한다.

일단, 기초지수를 구성하는 종목 수는 최소 10개 이상이어야 한다. 기초지수를 구성하는 개별 종목과 관련해 단일 종목의 시가총액은 전체 시가총액의 30% 이하여야 하고, 시가총액이 큰 순서로 85%에 해당하는 종목들의 시가총액이 150억 원 이상이면서 하루 평균 거래대금이 1억 원 이상이어야 한다.

현재, 전 세계 여러 국가의 증권거래소에서 발표하는 주가지수는 이런 상장 요건을 모두 충족한 상태이다. 따라서 대부분의 ETF는 이런 주가지수들을 기초지수로 활용하고 있다.

셋째, 자산운용사는 ETF를 만들면서 기초지수를 작성해 발표하는 기관과 지수사용계약을 체결해야 한다. 일례로, 미래에셋자산운용이 설계한 'TIGER 미국S&P500선물(H)'의 경우 미국의 스탠다드앤푸어(S&P)가 발표하는 S&P500지수를 추종해야 하므로, 그 회사와 지수사용계약을 체결하고 이에 따른 사용료를 지급해야 한다.

넷째, ETF를 구성할 때는 시가총액을 기준으로 기초지수의 95% 이상을, 종목 수를 기준으로 기초지수를 구성하는 50% 이상의 종목을 편입해야 한다. 예를 들어 'TIGER 미국S&P500선물(H)'의 경우, 기초지수인 S&P500지수를 구성하는 500개 종목 중에서 최소 50% 이상(250개 종목 이상)을 편입시켜야 한다. 이와 동시에, 편입된 종목들의 시가총액 합계액이 전체 시가총액에서 차지하는 비율이 95% 이상이 되어야만 한다.

자산운용사가 ETF를 구성할 때 충족시켜야만 할 상장 요건을 〈도표 6-9〉에 정리했으니 참고하기 바란다.

ETF의 상장 폐지 요건

상장회사에 일정한 사유(부도, 파산, 적자 등)가 발생하면 상장이 폐지된다. 이와 마찬가지로 ETF도 상장 폐지될 수 있다. 상장 폐지되는 경우는 다음과 같다.

첫째, ETF가 상장되려면 자본금이 100억 원 이상이고 발행주식수가 10만 주 이상이어야 한다. 그러나 상장 이후 (기관투자가들이 환매하는 등의 사유가 발생하여) 자본금이 50억 원 미만으로 줄어들거나, 또는 상장주식수가 5만 주 미만으로 감소한 상황이 3개월 지속하면 상장이 폐지된다.

둘째, 자산운용사는 ETF의 매매를 활성화하기 위해 최소 1개사 이상의 지정판매회사와 유동성 공급계약을 유지해야 한다. 그런데 상장 이후 1년이 경과한 시점에 주주의 숫자가 100명 미만이거나 유동성 공급자가 없어지면 상장이 폐지된다. 주로 ETF 매매가 부진할 때 나타나는 현상이다.

셋째, ETF의 괴리율이 3%를 초과한 상태가 10일간 계속되거나 최근 3개월간 20일 이상 나타나도 상장이 폐지된다. 다시 말해, 유

(도표 6-9) ETF의 상장과 폐지 요건

구분	상장요건	상장폐지요건
규모	- 자본금 100억 원 이상 - 발행주식 총수 10만 주 이상	- 자본금 50억 원 미만이 3개월 지속 - 상장주식수 5만 주 미만이 3개월 지속
유동성	- 지정판매회사(AP) 2개사 이상 - 유동성 공급자(LP) 1개사 이상과 계약 체결	- 상장 1년 경과 후 주주수 100명 미만 - 유동성 공급계약을 체결한 증권사가 1개사 미만 - 괴리율 3% 초과 상태가 10일간 지속되거나 최근 3개월간 20일 이상 지속
지수 구성	- 지수를 구성하는 종목수가 10종목 이상 - 지수를 구성하는 종목의 비중 (1) 단일종목 30% 이하 (2) 시가총액순으로 85% 해당하는 종목의 시가총액 150억 원 이상, 일 평균거래대금 1억 원 이상	
자산 구성	시가총액 기준으로 대상지수의 85% 이상 편입 - 종목수 기준으로 지수구성종목의 50% 이상 편입	추적오차율이 10%를 초과하는 상황이 3개월 지속
기타	지수사용계약 체결	추적대상지수 또는 순자산가치를 산정할 수 없거나 이용할 수 없는 경우

동성 공급자가 역할을 제대로 수행하지 못해 괴리율이 크게 벌어지면 제제 차원에서 상장을 폐지한다는 뜻이다.

마지막으로 추적오차율이 10%를 초과해 3개월간 지속해도 상장이 폐지된다. 자산운용사는 ETF의 수익률이 기초지수의 수익률을 충실하게 추종하도록 운용할 책임이 있는데, 자산운용사가 이런 역할을 제대로 수행하지 못하면 처벌한다는 차원에서 상장을 폐지한다는 뜻이다.

만약에 보유하고 있던 ETF가 상장 폐지된다면, 개인투자자들은 어떻게 대처해야 할까? 어떤 손실이나 불이익이 발생하지 않을까?

원래, ETF 보유자는 한국거래소에서 정한 정리매매 기간에 보유하는 ETF를 매도하면 된다. 다만, 정리매매 기간에 매도하지 않더라도, 자산운용사는 ETF가 보유한 자산을 매각해 현금으로 돌려주거나 혹은 PDF에 편입된 주식을 환매 방식에 따라 분배해 주고 있다. 따라서 ETF의 상장이 폐지된다 하더라도 손실이나 불이익이 거의 없다고 봐도 무방하다.

07
ETF의 발행시장,
그리고 AP와 LP

지정판매회사(AP)

국내의 증권 관련 법률에 따르면, 자산운용사는 펀드와 ETF의 설계와 운용만을 담당하고, 고객인 투자자들을 직접 접촉하여 판매할 수는 없다. 다만 자산운용사는 증권회사나 은행 등과 펀드 판매 위탁계약을 체결하여 판매할 수 있다. 특히, ETF는 오직 증권회사만이 판매할 수 있다.

자산운용사는 ETF의 판매를 위해 최소 2개 이상의 증권회사와 판매 위탁계약을 체결해야 하는데, 판매 위탁계약을 체결한 증권회사를 '지정판매회사(AP, Authorized Participant)'라고 한다.

유동성 공급자(LP)

만약, 주식시장에서 ETF의 거래 수량이 너무 적거나 혹은 전혀 거래되지 않는다면 투자자들은 큰 낭패를 볼 수 있다. 원하는 가격에 매수하거나 매도할 수 없어 손실을 볼 가능성이 크기 때문이다.

따라서 자산운용사는 지정판매회사 중 최소 1개 이상의 증권회사와 '유동성 공급계약'을 체결해야 한다. 주식시장에 ETF가 충분히 공급되도록 하는 계약이다. 이때 자산운용사와 유동성 공급계약을 체결한 증권회사를 '유동성 공급자(LP, Liquidity Provider)'라고 한다.

유동성 공급자는 ETF가 원활하게 거래되도록 일정한 가격 수준에서 주식의 매수 수량과 매도 수량을 동시에 제시할 책임을 진다.

ETF의 설정

지정판매회사는 자산운용사를 대신해 여러 기관투자가에게 ETF 투자를 유치한다. 기관투자가는 투자하기로 약정한 경우 지정판매회사에 '설정(設定)'을 신청한다. 기관투자가가 해당 ETF에 일정 금액을 투자하기로 약정하는 것을 설정이라 한다.

이때, 증권 관련 규정에 따라 ETF별로 최소한의 설정 주식수가 정해져 있다. 예를 들어 'TIGER 미국S&P500선물(H)' 종목은 1단위가 25,000좌로 나타난다. 만약, 이 종목의 1주당 주가가 40,000원이라면 최소 10억 원 단위로 설정거래가 추진된다. 특히, 각 설정 단위는 배율로 거래되므로 25,000좌인 10억 원, 50,000좌인 20억 원, 75,000좌인 30억 원 등으로 설정이 이루어진다. 각 ETF 종목별 설정 1단위별 주식 수를 (도표 6-10)에 정리했으니 참고하기 바란다.

원래 ETF의 신규 발행은 대부분 거래되는 단위가 크기 때문에, 발행시장은 원칙적으로 기관투자가만이 참여할 수 있다. 다시 말해, 개인투자자는 발행시장에서의 참가 자체가 허용되지 않는다.

(도표 6-10) ETF 종목별 설정 1단위별 주식수

종목명	주식수	종목명	주식수
KODEX 200	100,000	KODEX KRX100	200,000
KOSEF 200	50,000	KOSEF KRX 100	300,000
TIGER 200	50,000	TIGER KRX 100	15,000
KODEEX 산업	50,000	TIGER 산업	20,000
KODEX China H	200,000	KODEX Japan	400,000
KODEX Brazil	50,000	KODEX 삼성그룹	100,000
TIGER 라틴	100,000	TIGER 브릭스	300,000
KOSEF 고배당	50,000	KOSEF 블루칩	100,000

ETF의 설정 절차

기관투자가가 지정판매회사에 ETF 설정을 신청한 후, 현금이나 주식 바스켓을 지정판매회사에 납입해야 한다. 이때 현금으로 납입하면 지정판매회사는 ETF를 설계한 명세에 따라 주식을 매수해 바스켓을 구성한 후 수탁은행에 보관한다. 그러나 기관투자가가 지정 판매회사에 주식 바스켓을 납입하면 이를 그대로 수탁은행에 보관 한다.

지정판매회사는 주식 바스켓을 수탁은행에 보관한 후, 수탁은행 이 발행한 납입증명서를 가지고 자산운용사에 ETF 주식 발행을 신 청한다. 자산운용사는 수탁은행에 주식 바스켓이 보관된 것을 확인 한 후, ETF 주식을 발행해 지정판매회사에 제출한다. 이어서 지정 판매회사는 수령한 주식을 해당 기관투자가의 증권계좌에 입고시 킴으로써 설정 절차가 완료된다.

ETF의 환매 절차

기관투자가는 보유한 ETF를 지정판매회사에 제출하고 PDF에 있 는 개별 주식을 돌려받을 수 있다. 이처럼 PDF를 구성하는 개별 주 식을 기관투자가에게 돌려주면, 자산운용사는 그 대가로 받은 ETF 주식을 반드시 소각(消却, 지워서 없앰)해야 한다. 이처럼 ETF 주식 이 감소하는 절차를 '환매(還買)'라고 한다.

상장법인이 증자하면 발행주식수가 늘어나고, 감자하면 발행주식 수가 줄어든다. 이와 마찬가지로 ETF도 설정이나 환매가 이루어지 면 발행 주식수가 늘어나거나 감소한다. 상장법인이 증자하면 주식 수가 늘어나면서 주당이익이 줄어들어 주가가 하락하는 현상이 나 타난다. 반면에 감자하면 주식수가 줄어들면서 주당이익이 늘어나 주가가 상승하는 현상으로 이어진다.

ETF도 설정과 환매에 따라 주식수가 증감하기 때문에 주가도 덩달아 변동한다고 오해하는 투자자가 간혹 있다. 그러나 이는 사실이 아니다.

원래 자산운용회사는 사업을 통해 이익을 내는 회사가 아니라, 기초지수의 움직임에 따라 주가가 변동하는 서류상의 회사(paper company)이므로 ETF의 설정 및 환매에 따라 발행주식수가 늘거나 줄어들어도 해당 종목의 주가는 거의 영향을 받지 않는다. 도리어 추가 설정에 따라 발행주식수가 늘어나면, 기관투자가들이 개별 상장종목에 대한 투자보다는 주가지수 투자에 관심이 많다는 것을 의미하고, 따라서 ETF가 인기를 끌면서 거래량이 늘어나기 때문에 투자자들에게 유리하다고 할 수 있다.

마찬가지로 ETF의 환매에 따라 발행주식수가 줄어들면 주가지수보다는 개별 종목에 대한 투자를 선호한다는 의미다. 따라서 ETF의 관심이 줄면서 거래량이 줄어들기 때문에 불리한 상황일 수 있다.

08
ETF의
납입자산구성내역(PDF)

납입자산구성내역(PDF)

ETF는 무엇보다도 자산의 운용이 상당히 투명하다는 장점이 있다. 대표적인 이유가 납입자산구성내역(이하 PDF, Portfolio Deposit File) 공시제도가 있어서다. 자산운용사는 매일 주식시장이 폐장된 후에 PDF를 계산해 발표해야만 한다. 투자자는 매일 포트폴리오를 확인할 수 있어서, ETF가 종목의 운용을 어떻게 하는지 알 수 있다.

PDF란 ETF가 당초 설계한 내용대로 투자해 일정 시점에 보유하게 된 자산의 세부 명세를 말한다. 다시 말해, 자산운용사가 ETF를 구성하면서 보유하는 자산의 구성 내역이다.

원래, PDF는 설정의 최소 단위인 'CU(Creation Unit)'를 기준으로 작성한다. 즉, 1 CU는 기관투자가가 ETF를 설정하면서 제공할 때나 환매할 때 돌려받는 주식 바스켓의 최소 구성단위를 말한다. 주식 바스켓이란 '한 바구니에 담긴 주식의 구성 명세'라는 뜻이다.

S&P500지수는 세계 3대 신용평가기관에 속하는 스탠더드앤드푸어스(Standard&Poor's)가 뉴욕증권거래소(NYSE)와 나스닥시장에 상장된 전체 6,000여 종목 중에서 엄선된 500개 회사의 시가총액을 기준으로 산정하는 주가지수이다. 그러면 S&P500지수를 추종하는 ETF가 PDF를 어떻게 구성하는지 자세히 알아본다.

현물로 구성된 PDF

첫 번째 방식으로, S&P500지수에 포함된 현물 주식을 모두 매수하여 구성하는 방식이다. 다시 말해, S&P500지수에 포함된 500개 전체 종목을 시가총액 비중에 따라 매수하여 운용한다.

(도표 6-11)은 S&P500지수에 포함된 500개 중 (지면 관계상으로) 시가 총액이 큰 종목 15개와 작은 종목 15개 등을 나열한 것이다. 일례로, 시가총액을 기준으로 1위(애플), 2위(마이크로소프트), 3위(아마존), 4위(페이스북), 5위와 6위(알파벳 구글), 7위(테슬라) 등이 나스닥시장에 상장된 회사들이다. 뒤를 잇는 8위 회사는 (세계적인 투자자이면서 갑부인 워렌 버핏이 운용하는) 버크셔 하더웨이로서 뉴욕증권거래소에 속해있다.

특히 이 자료에서 보듯이, 시가총액의 순위가 가장 낮은 490위 이하 회사들의 투자 비중은 (0.02%거나 0.01% 등) 극히 미미한 수준

(도표 6-11) TIGER 미국S&P500 (360750)의 PDF

No	종목명	수량(주)	평가금액(원)	비중(%)
1	Apple Inc	471	69,476,232	6.33
2	Microsoft Corp	223	60,187,198	5.48
3	Amazon.com Inc	13	47,064,707	4.29
4	Facebook Inc	71	21,542,946	1.96
5	Alphabet Inc	9	21,150,038	1.93
6	Alphabet Inc	9	21,038,402	1.92
7	Tesla Inc	22	19,399,900	1.77
8	Berkshire Hathaway Inc	57	15,483,913	1.41
9	JPMorgan Chase & Co	90	14,417,988	1.31
10	Johnson & Johnson	78	14,259,571	1.3
11	NVIDIA Corp	18	12,224,341	1.11
12	PayPal Holdings Inc	35	11,814,422	1.08
13	Visa Inc	50	11,512,462	1.05
14	Walt Disney Co/The	53	10,938,279	1
15	Procter & Gamble Co/The	73	10,342,012	0.94
···(중간 생략)···				
490	Vornado Realty Trust	5	207,102	0.02
491	Huntington Ingalls Industries Inc	1	193,989	0.02
492	DXC Technology Co	8	229,385	0.02
493	Flowserve Corp	4	173,567	0.02
494	Cabot Oil & Gas Corp	12	243,339	0.02
495	NiSource Inc	11	272,644	0.02
496	SL Green Realty Corp	2	138,636	0.01
497	Xerox Holdings Corp	5	132,623	0.01
498	Gap Inc/The	6	154,629	0.01
499	HollyFrontier Corp	4	147,740	0.01
500	News Corp	4	102,776	0.01
501	Ralph Lauren Corp	1	123,785	0.01
502	Vontier Corp	4	145,879	0.01
503	Under Armour Inc	6	123,729	0.01
504	Under Armour Inc	6	148,848	0.01

으로 나타나고 있다.

합성(현물과 선물)으로 구성된 PDF

두 번째 방식으로, 현물 주식과 주가지수 선물 등 2가지 종목으로 운용하기에 합성이라고 부른다. 이러한 합성 방식에 따라 S&P500지수를 추종하는 종목에 편입된 PDF를 살펴보면 (도표 6-12)와 같다.

우선, 주가지수 선물거래와 관련된 종목이 'S&P500 EMINI FUT MAR 2021'이다. 즉, 미래 특정 시점(2021년 3월물)에 만기가 도래하는 주가지수(이 사례에서는 S&P500지수)를 매수한 상황이다. 이 경우 주가지수 선물이 만기가 도래하기 직전에, 투자의 연속성을 지속시키기 위해 그다음의 종목(이 사례에서는 2021년 6월물)으로 갈아타야 한다. 이를 롤오버(roll over)라고 하고, 그 가격 차이(2021년 3월물과 6월물의 차액)만큼 롤오버 비용이 발생한다.

원래 선물을 매수한 상황에서 주가지수가 상승하면 이익이, 반대로 하락하면 손실이 발생한다. 따라서 주가지수에 정비례하는 ETF 종목은 선물을 매수하는 포지션을 취한다. 반면에, 주가지수에 반비례하는 ETF 종목은 선물을 매도하는 포지션을 선택해야만 주가지수가 하락할 때 이익이 난다.

위에서와 같이 주가지수 선물을 매수하면서, 동시에 현물 주식으로 미국계 투자은행이 운영하는 2개 종목(SPDR S&P 500 ETF Trust와, iShares Core S&P 500 ETF)을 매수하고 있다.

(도표 6-12) TIGER 미국 S&P500 선물(H)의 PDF

No	종목명	수량(주)	평가금액(원)	비중(%)
1	S&P500 EMINI FUT MAR 2021	5.08	1,060,834,896	95.72
2	iShares Core S&P 500 ETF	66.67	27,902,307	2.52
3	SPDR S&P 500 ETF Trust	57.78	24,094,804	2.17
4	원화예금		1,056,328,787	95.31
5	미달러선물21년01월물	-10.5	-115,500,000	-10.42

(주1) S&P500 EMINI FUT MAR 2021는 2021년 3월에 만기가 도래하는 주가지수 선물을 매수한 상태이고, 담보금을 제공하고 남은 금액은 금융기관에 예금으로 예치한 상태임

(주2) SPDR S&P 500 ETF Trust는 미국의 자산운용회사인 state street Global Advisors에서 1993년 1월에 출시한, S&P500지수를 추종하는 세계에서 가장 규모가 큰 상장지수펀드임

(주3) iShares Core S&P 500 ETF는 미국의 자산운용회사인 Blackrock에서 2000년 5월에 출시한, S&P500 지수를 추종하는 거래량이 돋보이는 상장지수펀드임

스왑 방식으로 구성된 PDF

세 번째 방식이 바로 스왑(SWAP)으로 운용하는 것이다. (도표 6-13)은 S&P500지수를 2배 정비례하는 레버리지 ETF 종목의 PDF이다.

원래, 1배 정비례 종목은 투자금액을 S&P500지수를 구성하는 500개 종목 전체를 시가총액 비중에 따라 매수하거나, 혹은 주가지수 선물을 매수하는 방식으로 운용한다. 그러면 레버리지 종목은 어떻게 설계하기에 2배의 수익률을 얻을 수 있을까?

그 기본적인 설계 원리는 아주 간단하다. 우선, 투자자금 중 절반은 기초지수를 1배 정비례하는 국내외 ETF 종목(TIGER 미국 S&P500선물과 SPDR S&P500 ETF)을 매수한다.

나머지 절반의 자금을 증권회사(이 사례에서는 한국투자증권, 메리츠증권, 미래에셋대우증권 등)에 스왑으로 위탁하여 운용한다. 다시 말해, 현재 시점에 약정된 투자금액을 이들 증권회사에 맡기고 나서, 계약 기간이 만료되는 시점에 위탁한 투자 원금에 기초지수가 상승하면 투자수익 (반면에 기초지수가 하락하면 투자 손실)을 가산(차감)하여 되돌려 받는 자금의 운용 방식이 바로 스왑거래이다.

(도표 6-13) TIGER 미국S&P500레버리지(합성 H))의 PDF

No	종목명	수량(주)	평가금액(원)	비중(%)
1	스왑(한국투자증권)_490161		491,777,482.08	19.5
2	TIGER 미국S&P500선물(H)	8,876	394,360,680	15.63
3	스왑(메리츠증권)_490161		113,256,293.24	4.49
4	스왑(미래에셋대우)_490161		75,248,183.62	2.98
5	SPDR S&P 500 ETF TRUST	108	45,037,017.36	1.79
6	원화현금	1	1,402,857,636	55.61

09
ETF와 ETN의
차이점

ETF와 ETN의 구조적 차이점

앞 절에서, 자산운용사가 ETF를 설계할 때 PDF를 구성하는 3가지 방식에 대해 알아봤다. 그중에서 스왑 방식이 ETN과 구조상으로 거의 유사하다.

원래, 스왑이란 (도표 6-14)와 같이 자산운용사가 (주가지수에 정비례 및 반비례하여 수익률을 보장한다는 약속을 하고) 투자자로부터 받은 자금을 증권회사에 위탁시켜 운용하는 방식이다.

자산운용사가 스왑 방식으로 증권회사에 자금을 맡기는 경우, 크게 2가지 문제점이 발생한다. 각 문제점에 대한 자산운용사가 나름대로 수립한 대책을 같이 살펴본다.

첫째, 증권회사가 도산하여 투자자금을 회수하지 못하는 상황이다. 그 대책으로, 자산운용사는 증권회사에 위탁한 자금 상당액만큼의 담보물(국채, 채권, 예금 등)을 제공받는다. 그리고 증권회사가 도산하는 사태가 발생하면, 자산운용사는 보유한 담보물을 처분하여 투자자금을 회수할 수 있다.

(도표 6-14) ETF의 스왑에서의 자금 운용 방식

(도표 6-15) ETN의 자금 운용 방식

둘째, 증권회사가 자금 운용에 실패하여 자산운용사와 애초 약정한 수익률을 달성하지 못하는 상황이다. 그 대책으로, 증권회사는 무조건 자산운용사에 목표로 한 수익률을 지급해야만 한다는 내용을 스왑 계약에 포함시켜 체결하면 된다. 다만, 목표 수익률이 마이너스(-)가 되면 그만큼 차감된 상태로 원금을 회수한다.

한편 ETN은 (도표 6-15)와 같이 증권회사가 (주가지수에 정비례 및 반비례하여 수익률을 보장한다는 약속을 하고) 투자자로부터 받은 자금을 운용하는 방식이다. 다시 말해, 투자자와 증권회사 사이에 자산운용사를 배제하고 투자 약정을 맺는 방식이 바로 ETN이다.

ETF와 ETN의 운용상의 차이점

앞서 살펴본 ETF와 ETN의 구조적 차이에 기인하여 (도표 6-16) 과 같은 운용 면에서도 차이가 난다.

(도표 6-16) ETF와 ETN의 차이점

구분	ETF	ETN
법적 구분	집합투자증권	파생결합상품
발행자	자산운용사	증권회사
발행자 신용위험	없음	있음
만기	없음	1년~20년
기초자산 운용방법	기초지수 추적 운용	발행자 재량 운용

첫째, ETF는 집합투자증권인 데 반해 ETN은 파생결합상품이다.

원래, ETF는 특정 주가지수를 구성하는 수많은 기업의 주식을 시가총액 비중에 따라 매수하여 구성하는 방식으로 펀드와 유사하다. 이처럼 다양한 주식으로 구성된다는 의미에서, ETF를 집합투자증권이라 한다.

반면에 ETN은 '증권회사가 투자자로부터 자금을 위탁받아 운용하는데, 미래 정해진 날짜에 일정한 조건에 따라 특정 수익률을 지급하겠다고 약속한 금융상품'이다. 일종의 투자 위임 계약에 대한 약속증서라는 의미에서, 파생결합상품이라 할 수 있다.

둘째, ETF와 ETN은 자금을 운용하는 주체가 다르다.

원래, ETF는 자산운용사가 투자자로부터 위탁받은 자금을 자체적으로 운용하는 것이 원칙이다. 그중 스왑 방식은 자산운용사가 증권회사에 투자 자금의 운용을 맡기는 예외적인 방식에 해당한다.

반면에, ETN은 증권회사가 투자자와 약정을 맺고 자금을 받아내서 자체 운용하는 방식이다.

셋째, ETF와 ETN은 발행자의 신용 위험이 다르다.

원래, ETF는 자산운용사가 투자자로부터 위탁받은 자금을 현물 주식이나 주가지수 선물 등에 투자하는 방식이다. 특히 ETF가 보유한 자산은 자산운용사가 아닌 수탁은행에 별도로 구분하여 보관되어 있다. 따라서 설령 자산운용사가 도산한다고 하더라도 투자자는 수탁은행으로부터 투자한 자금을 안전하게 회수할 수 있다.

반면에, ETN은 증권회사가 투자자에게 약정한 내용을 기록한 증서에 불과하다. 일종의 어음이라 생각하면 무난하다. 따라서 증권회사가 도산하면 투자자는 투자한 자금을 일부 또는 전부 받아내지 못할 가능성이 있다.

넷째, ETF와 ETN은 투자 존속 기간이 다르다.

원래, ETF는 펀드와 유사하게 투자하는 기간이 정해져 있지 않다. 말 그대로 영구히 투자할 수 있다는 것이다.

반면에, ETN은 증권회사가 발행한 약속증서로서, 일정한 기간까지만 효력이 발생한다. 당초 ETN을 설계할 때 존속 기간을 정해야 하는데, 그 기간은 짧으면 1년 길어도 20년을 넘지 못한다.

넷째, ETF와 ETN은 기초자산의 운용방법이 다르다.

원래, ETF는 그 주가가 기초지수의 등락률에 비례하여 변동해야 한다. 이에 따라서 현물 주식을 매수하거나, 주가지수 선물을 매매하거나, 특정 증권회사에 스왑 방식으로 자금을 위탁하는 등의 방식을 따른다. 특히 ETF가 어떤 방식으로 자금을 운용하는지 자세한 내역을 PDF에 담아 매일 공시해야 한다. 자금의 운용 방식이 투명하다는 뜻이다.

반면에, ETN은 증권회사가 그 자금을 어떻게 운용할지 자유재량에 맡기고 있다. 다시 말해, 증권회사는 자금을 어떻게 운용하는지 불문하고, 당초 투자자와 약정한 목표 수익률을 지키면 된다는 뜻이다. 이에 따라 ETF와 달리 ETN은 PDF를 공시하지 않아도 무방하다.

지속해서 투자 범위가 확대되는 ETN

(도표 6-17)에서 보듯이, 현재 국내 증권시장에서 ETF는 주가지수나 업종지수에 특화되어 있다. 특히 ETF는 바스켓에 담을 수 있는 종목의 숫자에 제한이 없는 데 반해, ETN은 바스켓에 담기는 종목의 숫자가 5개 이내로 제한되어 있다.

이러한 제약을 뛰어넘기 위해, 증권회사들은 ETF가 투자하지 않는 미지의 영역(원유, 천연가스, 비철금속, 농산물 등)을 계속 발굴하여 신규 ETN 상품을 출시하는 식으로 그 시장을 지속해서 확대해 나가고 있다.

끝으로 ETN의 상품명에는 다음과 같이 종목 정보가 포함되어 있어, 그 상품 특성을 쉽게 파악할 수 있다.

대한 + WEALTH + S&P500지수 레버리지 ETN + (H)
(발행사) + (브랜드명) + (상품명, 전략, 기초지수 등) + 환헤지

(도표 6-17) ETF와 ETN의 투자 영역

ETF
- 국내 시장대표지수
- 국내 섹터지수
- 국내지수 레버리지
  (시장대표, 섹터)
- 국내지수 인버스
  (시장대표, 섹터)

경쟁영역
- 국내 주식형 테마지수
- 국내외 채권지수
- 해외 주가지수
- 전략지수
- 상품, 통화, 에너지 인프라
- 상기 상품 레버리지·인버스

ETN
- 국내외 바스켓지수
  (5종목)
- 변동성 지수
  (국내, 해외)
- 상기 상품 레버리지·
  인버스

10
유통시장에서의
이론가격, 시장가격, 기준가격

전문용어가 난무하는 유통시장

앞서 우리는 ETF 발행시장을 살펴보았다. 다음으로 그 유통시장에 대해 알아보기로 한다. 유통시장이란 기존에 발행된 ETF를 매수 또는 매도하는 주식시장을 말한다. 유통시장에서 해당 주식이 거래되어도 발행주식수는 변함이 없고, 단지 소유자만 변경된다.

투자자가 ETF를 매매하다 보면 다양한 전문용어를 접하게 된다. 그중 핵심 용어들을 이해하다 보면 유통시장에 좀 더 쉽게 접근할 수 있을 것이다.

가장 먼저 이해할 용어는 가격에 관련된 내용이다. 가격에는 이론 가격, 시장가격, 기준가격 등 3가지 유형이 있다. 이 3가지 가격의 의미와 더불어 각 가격의 차이를 나타내는 괴리율과 추적오차 등의 용어에 대해 살펴보자.

이론가격

ETF의 '이론가격'은 자산운용사가 초기에 설정하는 기초지수에 배율을 곱해 결정한 주가를 말한다. 예를 들어 'KODEX200'은 코스피200에 대한 배율이 100배여서, 만약 코스피200이 250포인트라면 그 지수에 100을 곱한 25,000원 부근에서 주가가 형성된다.

해외 ETF는 기초지수에 배율을 곱하고 환율까지 감안해 가격을 결정한다. 예를 들어 'KODEX China H' 종목의 경우 기초지수가 12,000포인트이고 원/홍콩 달러 환율이 140원이라면, 이 종목의 주가는 기초지수에 가격 배율 0.01과 환율을 곱한 16,800원 부근에서 형성된다.

이론가격을 계산할 때 필요한 기초지수에 대한 배율은 〈도표 6-18〉에 정리했으니 참고하라.

〈도표 6-18〉 ETF별 기초지수에 대한 배율

ETF 종목명	배율
KODEX 200, KOSEF 200, TIGER 200	100배
KODEX 섹터 종목(예: KODEX 자동차, 반도체 등)	10배
KODEX 스타일 종목(예: KODEX KRX 100 등)	1배
KODEX China H	0.01배
TIGER 라틴, TIGER 브릭스	0.001배
KODEX Brazil	0.0002배

각 ETF 종목이 추종하는 기초지수에 배율을 곱하면 이론가격이 산출되는 것을 알아보았다. 투자자가 이를 알아야만 하는 이유로는, 매매 여부를 결정할 때 이론가격과 현재 주식시장에서 형성된 주가를 비교하면 좀 더 쉽게 거래할 수 있기 때문이다.

시장가격 또는 주가

ETF의 '시장가격(market value)'은 주식시장에서 실시간 매수와 매도에 따라 결정되는 '주가'를 말한다.

보통 개별 종목의 주가는 해당 기업의 경영실적이나 사업계획 등에 따라 독립적으로 변동된다. 그러나 ETF의 주가는 추종하는 기초지수의 움직임에 따라 종속적으로 변동된다. 추종하는 기초지수가 상승하면 ETF의 주가도 상승하고 반대로 기초지수가 하락하면 ETF의 주가 역시 하락한다.

원래, ETF의 주가는 기초지수의 변동에 따라 움직이지만, 간혹 개별 종목의 주가와 마찬가지로 주식시장에서 매도 수량과 매수 수량에 따라 결정되기도 한다. 다시 말해, 주식시장에서 매수세가 강하면 주가는 상승하고 반대로 매도세가 강하면 주가는 하락한다.

이처럼 ETF의 주가는 기초지수의 등락에 큰 영향을 받지만, 간혹 주식시장에서 ETF 종목들의 개별적인 매수세와 매도세에 따라 기초지수의 변동과 관계없이 움직이는 상황이 발생할 수 있다.

기준가격

ETF에서 '기준가격'이란 PDF를 구성하는 개별 종목들의 '1주당 가치'를 말하며, 각 종목의 기초자산 시가를 반영해 계산한다. 일명 순자산가치(NAV, Net Asset Value)라고도 한다.

기준가격은 순자산가치를 발행주식수로 나누어 계산한다. 여기서 순자산가치란 해당 ETF가 보유한 주식, 채권, 현금 등의 전체 자산총액에서 운용보수나 지수사용료 등 지급할 부채총액을 차감한 잔액을 말한다. ETF의 기준가격은 다음과 같이 계산한다.

> ETF 기준가격 = 순자산가치 ÷ 발행주식수
> 순자산 = 총자산 - 총부채
> 총자산 = (PDF를 구성하는 기초자산의 보유 주식수 × 주가) + 현금 등
> 총부채 = ETF가 부담하는 운용보수, 지수사용료, 거래비용 등

자산운용사는 주식시장이 종료되면 기초자산의 종가를 이용해 기준가격을 계산한다. 다음 날 주식시장이 개장하기 전에 1회만 발표한다.

기준가격의 용도는 발행시장에서 기관투자가들을 대상으로 ETF를 추가로 설정하거나 환매할 때 투자금액을 결정하는 데 활용된다.

실시간 기준가격

실제 ETF의 기준가격은 PDF에 편입된 기초자산의 주가가 변동되면서 시시각각으로 달라진다. 기초자산의 주가가 올라가면 기준가격은 상승하고, 기초자산의 주가가 내려가면 기준가격 역시 하락한다.

그러나 기준가격은 전일 종가를 기준으로 하루에 한 번밖에 발표되지 않으므로 ETF의 기준가격은 실시간으로 변동하는 기초자산의 가격변화를 반영하지 못한다. 따라서 투자자들이 매매 여부를 결정하는 데는 기준가격이 큰 도움이 되지 않는다.

이런 문제점을 보완한 것이 '실시간 기준가격(INAV, Indicative or Intraday Net Asset Value)'이다. 주식시장이 열리는 오전 9시부터 오후 3시 30분까지 실시간으로 변동하는 기초자산의 시가를 반영해 10초마다 한 번씩 실시간 기준가격을 발표한다.

일반적으로 ETF의 주가는 INAV 근처에서 형성된다. 주가가 추가 상승할 것으로 전망되면 주가는 INAV보다 높게 형성되어 고평가 상태를 보인다. 반대로 주가가 하락할 것으로 예상하면 주가가 INAV보다 저평가 상태를 보인다. 투자자들이 주가의 등락을 점칠 때 INAV의 이런 메커니즘을 이해하면 도움이 될 것이다.

11
주가와 기준가격의
차이, 괴리율

괴리율이란?

이론적으로 ETF의 주가와 기준가격은 정확히 일치해야 한다. 그러나 이론과는 달리 주식시장에서 주가와 기준가격은 차이가 있는데, 이런 차이를 '괴리율(disparate ratio)'이라고 한다. 괴리율은 주가가 기준가격을 어느 정도 충실하게 잘 따라가는지를 나타내는 지표 역할을 한다.

괴리율을 구하는 공식은 다음과 같다.

$$괴리율 = (주가 - 기준가격) / 기준가격 \times 100$$

실제로, 괴리율과 관련된 사례를 들어 이해해보자. 만약 주가가 10,000원이고 기준가격이 9,000원이면 괴리율은 (+)11%로 나타난다. 이처럼 주가가 기준가격보다 높으면 괴리율은 플러스(+)로 표시된다. 반대로, 주가가 10,000원이고 기준가격이 11,000이면 괴리율은 (-)9%로 표시된다. 이처럼 주가가 기준가격보다 낮으면 괴리율은 마이너스(-)로 표시된다.

그렇다면 투자자들은 괴리율을 어떻게 해석해야 할까? 괴리율이 낮을수록 주가는 기준가격 근처에서 거래된다는 의미다. 반면에 괴리율이 높을수록 주가는 기준가격에서 많이 벗어나서 거래된다는 뜻이다. 괴리율이 적은 ETF일수록 시세를 정확히 반영하는 좋은 상품이라 판단할 수 있다.

괴리율이 발생하는 요인

그러면 괴리율은 왜 발생하는 것일까? ETF가 거래되는 주식시장과, PDF를 구성하는 기초자산이 거래되는 주식시장이 별개로 이루어지는 데 근본적인 원인이 있다. 예를 들어 주가지수가 상승해 기준가격이 올라가는데도, ETF의 매도세가 강하면 주가가 하락하면서 괴리율이 크게 벌어진다.

거래가 활발하게 이루어지는 ETF에서는 보통 괴리율이 거의 발생하지 않는다. 괴리율이 크게 나타나는 이유는 해당 ETF의 매매 수량이 적거나 혹은 호가별 간격이 너무 크게 벌어져 거래가 제대로 이루어지지 않기 때문이다.

일례로, TIGER 미국S&P500레버리지의 괴리율을 (도표 6-19)에 정리해보았다. 괴리율을 통해 이 상품을 평가해보자.

여기서 NAV는 순자산가치를 의미하며 기준가격으로 보면 된다. 괴리율은 주가가 고평가되었는지 혹은 저평가되었는지를 보여준

(도표 6-19) TIGER 미국S&P500레버리지(합성 H)의 괴리율

날짜	증가	NAV	괴리률	추적오차율	위험평가액 비율
2021.02.19	26,445	26,494	-0.19%	N/A	N/A
2021.02.18	26,640	26,736	-0.36%	3.83%	0.00%
2021.02.17	26,840	26,762	+0.29%	3.84%	0.00%
2021.02.16	27,155	26,821	+1.24%	3.83%	0.00%
2021.02.15	27,050	26,815	+0.88%	3.83%	0.00%
2021.02.10	26,680	26,489	+0.72%	3.82%	0.00%
2021.02.09	26,575	26,541	+0.13%	3.82%	0.00%
2021.02.08	26,395	26,175	+0.84%	3.82%	0.00%
2021.02.05	26,095	25,965	+0.50%	3.82%	0.00%
2021.02.04	25,385	25,397	-0.05%	3.82%	0.00%

(주1) NAV는 ETF의 순자산가치로, 이론적인 적정가격에 해당
(주2) 괴리율은 NAV와 시세의 차이로서, 시세가 고평가 또는 저평가 되었는지를 보여줌
(주3) 추적오차율은 기초지수를 얼마나 잘 추종하는지 보여주는 지표로, 작을수록 ETF가 잘 운용된다고 볼 수 있음
(주4) 위험평가액 비율은 합성 ETF에 대해서만 제공되며, 5%를 넘어서면 위험하다고 볼 수 있음

다. 현재 대부분의 괴리율은 플러스(+) 상태이므로 주가는 고평가 되었다고 할 수 있다. 또한, 괴리율이 0.1~0.4에서 형성되어야 괴리 상태가 매우 낮다고 할 수 있다.

일반적으로 ETF의 괴리율이 너무 높으면 투자자는 손실을 볼 가능성이 크다. 따라서 ETF를 고를 때 괴리율과 거래량을 반드시 확인해야 한다.

괴리율에 따른 손실의 안전망

보통 주식시장이 침체하면 거래량이 줄어들면서 괴리율이 높아지는 현상이 나타난다. 이런 상황에서 투자자는 보유한 ETF를 매도하고자 해도 매도할 수 없고, 또한 매도한다 해도 아주 낮은 가격을 받을 수밖에 없다. 이런 문제점을 해결하기 위해 만들어진 것이 유동성 공급자(LP, Liquidity Provider)라는 제도다.

유동성 공급자는 일정 수준의 호가 범위 안에서 매수와 매도 수량을 동시에 제공하는 증권회사를 말한다. 주식 거래가 원활하게 이루어지도록 임무를 수행하는 것이다.

이 같은 LP 덕분에 투자자는 주식시장이 열리는 동안 기준가격에서 크게 벗어나지 않는 가격으로 거래할 수 있다. 주식의 매매 수량이 적은 ETF라 하더라도 유동성 공급자가 있으므로 언제라도 편하게 매매할 수 있다.

LP의 호가 간격 조정

주식시장에서 호가 스프레드는 '최우선 매수호가'와 '최우선 매도 호가'의 차이를 말한다. 최우선 매수호가란 매수하고자 하는 호가 중에서 가장 높은 가격을, 최우선 매도호가란 매도하고자 하는 호가 중에서 가장 낮은 가격을 말한다. (도표 6-20)에서 최우선 매수 호가는 42,775원이고, 최우선 매도호가는 42,780원으로 나타나고 있다.

(도표 6-20) 5단계 호가표

매도잔량	매도호가	매수호가	매도잔량
40,755	42,800		
65,020	42,795		
46,277	42,790		
50,865	42,785		
7,595	42,780		
		42,775	20,065
		42,770	1,652
		42,765	502
		42,760	22,450
		42,755	41
238,825	잔량합계		87,133

투자자는 ETF를 매매할 경우, 최소 5원 단위로 호가를 제시할 수 있다. 만약 호가 스프레드가 5원이라면 유동성이 가장 양호한 종목 이다. 반면에 호가 스프레드가 5원 이상으로 벌어질수록 매매가 원

활하지 않은 종목이라 보면 된다.

ETF를 투자하다 보면 '호가 스프레드 비율(spread ratio)'이라는 말을 들어보았을 것이다. 이는 호가 간격을 뜻하는 말로, 호가 스프레드 비율이 1%를 초과하면 LP는 5분 이내에 양방향 호가를 최소 100주 이상 의무적으로 제공해야 한다.

특정 ETF 종목의 최우선 매도호가가 11,000원이고 최우선 매수호가가 10,000원이라고 가정해보자. 이 경우 호가 간격이 1,000원으로 벌어져 스프레드 비율은 1%를 초과한 10%로 나타난다. 다음 공식을 참조하라.

스프레드 비율 = (최우선 매도호가 - 최우선 매수호가) ÷ 최우선 매수호가 × 100
⇒ (11,000 - 10,000) ÷ 10,000 × 100 = 10%

이 경우 LP는 호가 간격을 최우선 매수호가인 10,000원의 1%인 100원 이내로 낮추기 위해 추가로 매매주문을 내야 한다. 다시 말해, 최우선 매도호가보다 낮은 매도호가(예를 들어 10,100원 이하)를 제공하거나, 또는 최우선 매수호가보다 높은 매수호가(예를 들어 10,900원 이상)를 제공함으로써 호가 간격을 100원 이내로 좁혀야 할 책임이 있다.

LP는 주식시장 개장 직후인 오전 9시 10분부터 폐장 직전인 오후 3시 20분까지 유동성 공급의무를 진다.

12
기초지수와 기준가격과의 차이, 추적오차

추적오차

ETF가 기초지수를 충실히 추종하고 있는지를 보여주는 또 다른 지표로 추적오차(tracking error)가 있다. 예를 들어 'TIGER 미국 S&P500레버리지(합성 H)'의 경우 S&P500지수가 5% 상승하면 ETF의 주가도 정확히 5% 만큼 올라야 한다. 반대로 기초지수가 하락하면 같은 비율만큼 ETF의 주가도 하락해야 한다. 하지만 실제로 기초지수와 ETF의 주가는 차이를 보인다. 그 차이가 바로 추적오차다.

추적오차를 계산하는 공식은 다음과 같다.

$$추적오차율(\%) = (기초지수 - 기준가격) \div 기초지수 \times 100$$

만약 기초지수가 245포인트(24,500원)이고 기준가격이 25,000원이면 추적오차는 (-)2%로 나타난다. 이처럼 기초지수가 기준가격보다 낮으면 추적오차는 마이너스(-)로 표시된다. 반면에, 기초지수가 255포인트(25,500원)이고 기준가격이 25,000원이면 추적오차는 (+)2%로 나타난다. 이와 같이 기초지수가 기준가격보다 높으면 추적오차는 플러스(+)로 표시된다.

추적오차가 발생하는 이유 : 부분복제

그렇다면 추적오차는 왜 발생하는 것일까? ETF는 기초지수를 완전히 복제하는 것이 아니라 부분 복제하기 때문에 그렇다. 일반적으로 펀드나 ETF는 당초 목표로 하는 기초지수를 추종하기 위해 해당 기초지수에 포함되는 개별 종목을 시가총액 비율에 따라 정확히 구성해야 한다. 이를 '복제(replication)'라고 한다.

'TIGER 미국S&P500레버리지(합성 H)'가 기초지수를 정확히 따라가려면, S&P500지수에 포함된 500개의 종목을 시가총액 비중과 같은 비율에 맞춰 기초자산으로 편입해야 한다. 예를 들어, S&P500지수에서 애플이 차지하는 비중이 6%라면 ETF도 순자산 기준으로 투자자금의 6%가 되도록 매수해야 한다.

그러나 문제는 ETF에 편입되는 종목이 많으면 관리하기가 어렵다는 것이다. 예를 들어 500개 종목 중에서 일부 종목이 증자, 감자, 합병 등과 같이 자본금이 변경되면, 이에 맞춰 일일이 비중을 조정해야 할 업무가 많아진다. 또한 S&P500지수을 구성하는 개별 종목의 주가가 변동해 구성 비율이 바뀌거나 기존 종목이 빠지면 매도하고, 신규 종목이 편입되면 매수해야 한다. 또한 이런 상황에서는 매매수수료나 증권거래세 등의 거래비용이 추가로 발생한다.

따라서 펀드매니저는 업무를 간소화하면서 비용을 줄이기 위해 '완전복제'가 아닌 '부분복제'를 택하게 된다. S&P500지수에 포함된 500개 종목 중 시가총액이 큰 순서로 최소 100개 이상 최대 250개 종목 이내로 ETF를 구성하는 방식이다. ETF를 구성하는 종목의 주가 등락률과 기초지수의 등락률간에 차이가 발생하는 것은 그 때문이다.

추적오차가 발생하는 이유 : 분배금

추적오차가 발생하는 또 다른 이유는 ETF가 배당금을 받아 일정 기간 적립하기 때문이다. 주식형 ETF는 수많은 개별 상장회사 주식을 담은 바스켓이므로, 해당 상장회사로부터 분기별 또는 연간 배당금을 받는다. ETF는 보유 자산에서 주가 차익 외에도 부수적인 수익이 별도로 발생한다. ETF의 부수익을 정리하면 다음과 같다.

- 보유 주식에서 발생하는 배당금 수익

- 보유 채권에서 발생하는 이자수익

- 여유 현금 운용 이익

일반적으로 상장회사마다 배당금이나 이자를 지급하는 시기는 다르다. 따라서 주식형 ETF는 일정 기간 받은 배당금을 적립했다가, 운용비용을 공제한 뒤 남은 금액이 있으면 분배금으로 지급한다.

주식형 ETF의 경우 약간 차이가 있지만 매년 1월, 4월, 7월, 10월 말일에 소유자별 증권계좌에 분배금을 현금으로 입금한다. 채권형 ETF 는 매년 3월, 6월, 9월, 12월의 초순과 중순에 분배가 이루어진다.

이런 절차에 따라 분배금을 지급하면 ETF 주가는 이론적으로 분 배금만큼 하락하는데 이를 '분배락(分配落)'이라고 한다. 분배락 전 날까지 ETF를 보유한 투자자가 분배금을 받는 효과가 발생한다. 이 처럼 배당금을 받아 이를 분배하기 전까지 기준가격이 기초지수보 다 높게 나타난다. 그 결과 추적오차가 발생하는 것이다.

끝으로 다양한 관리비용 때문에 ETF의 추적오차가 발생하기도 한다. 펀드매니저가 ETF를 운용하다 보면 주식매매수수료, 기초지 수 사용료, 수탁은행의 보관수수료, 광고 및 판촉비용 등 다양한 부 대비용이 발생한다. 이런 부대비용 때문에 기준가격이 기초지수보 다 낮게 나타나고 그 결과 추적오차가 발생한다.

13
레버리지
투자자를 위한 팁

주가가 2배 정비례하는 레버리지 종목

앞서 설명한 바처럼, 레버리지 ETF는 기초지수가 5% 변동하면 주가가 10%로 움직이는 종목을 말한다. 예를 들어, 'TIGER 미국 S&P500레버리지(종목코드 : 225040)는 기초지수인 S&P500지수가 5% 상승하면 이 종목의 주가가 10% 상승하고, 반대로 기초지수가 5% 하락하면 주가가 10% 하락하는 방식으로 설계되어 있다.

이때 유념할 것은 레버리지 ETF가 추종하는 것은 기초지수의 하루 동안의 수익률이지, 일정 기간의 수익률이 아니라는 점이다. 일례로, 주식시장에서의 상황별로 일일 변동률과 투자 기간 수익률 간에는 차이가 발생한다.

상승 장세에서의 수익률의 차이

↗

레버리지 ETF는 기초지수가 상승 추세에 있을 때, 보다 적합한 투자 수단이다. 다시 말해, 기초지수가 지속해서 상승하는 구간에는 기초지수의 상승률에 매일 2배의 수익률이 발생하면서 더 높은 투자수익을 기록하기도 한다. 이는 마치 원금에 이자를 더해 수익이 늘어나는 '복리효과'와 유사하다.

(도표 6-21)에서 보듯이, 레버리지 ETF의 일일 수익률은 기초지수의 일일 수익률을 정확히 200% 추종하고 있다. 일례로, 기초지수는 1일에 5%, 2일과 3일에 10% 상승했다. 이에 따라 레버리지 ETF는 1일에 기초지수 상승률의 2배인 10%, 그리고 2일과 3일에는 20% 상승했다.

그런데 3일간에 걸쳐 기초지수는 27% 상승했지만, 레버리지 ETF는 58.4%가 올라감으로써, 그 배율이 200%를 초과하는 216%로 나타나고 있다.

(도표 6-21) 상승 장세에서의 일일 수익률과 기간 수익률

기초지수			레버리지 ETF		
기초지수 (포인트)	일 수익률 (%)	기준가격(원)	일 수익률 (%)	비교 수익률 (%)	
기준일	200		20,000		
1일	210	+5	22,000	+10	200
2일	231	+10	26,400	+20	200
3일	254	+10	31,680	+20	200
누적		+27		+58.4	216

하락 장세에서의 수익률의 차이

↗

한편, 기초지수가 지속적으로 하락하는 구간에서 레버리지 ETF 는 그 손실이 2배 미만으로 줄어든다. 예를 들어 (도표 6-22)에서처럼, 3일간에 코스피200은 23% 하락했지만 레버리지 ETF는 42.4% 가 내려, 그 배율은 200%에 약간 못 미치는 184%로 나타난다.

하지만 주가지수가 하락세일 때 레버리지 ETF에의 투자를 극도로 제한할 필요가 있다. 일례로, 이 레버리지 ETF에 투자해서 발생한 42.4%의 손실을 복구하기 위해서는 주가가 무려 74% (=42.4%/57.6%) 상승해야하기 때문이다.

(도표 6-22) 하락 장세에서의 일일 수익률과 기간 수익률

	기초지수			레버리지 ETF	
	기초지수 (포인트)	일 수익률 (%)	기준가격(원)	일 수익률 (%)	비교 수익률 (%)
기준일	200		20,000		
1일	190	-5	18,000	-10	200
2일	171	-10	14,400	-20	200
3일	154	-10	11,520	-20	200
누적		-23		-42.4	184

박스권 장세에서의 수익률의 차이

↗

주가지수가 상한선과 하한선 사이의 박스권에서 움직일 때, 기초지수의 상승률과 레버리지 ETF의 수익률은 어떤 차이가 날까?

(도표 6-23)에서 보듯이, 기초지수는 1일에 (-)5%, 2일에 (+)3%, 3일에 (+)4% 등락했다. 이에 따라 레버리지 ETF는 각 기초지수 등락률의 2배만큼 변동했다. 그 결과 기초지수는 (+)1.7% 상승했지만, 레버리지 ETF의 3일 동안의 누적수익률은 3.0%로 나타난다. 다시 말해, 기초지수의 상승률인 1.7%의 2배(3.4%)에 약간 미치지 못하고 있다. 기초지수 변동에 따라 레버리지는 200%의 수익률을 기록해야 하는데도 불구하고, 그보다 못한 176%에 그치고 있다.

(도표 6-23) 박스권 장세에서의 일일 수익률과 기간 수익률

	기초지수		레버리지 ETF		
	기초지수 (포인트)	일 수익률 (%)	기준가격(원)	일 수익률 (%)	비교 수익률 (%)
기준일	200		20,000		
1일	190	-5	18,000	-10	200
2일	195.7	+3	19,080	+6	200
3일	203.5	+4	20,606	+8	200
누적		+1.7		+3.0	176

레버리지와 더블인버스는 단기 투자할 것

기초지수 수익률에서 반비례하는 인버스 ETF나 더블인버스 ETF 역시 레버리지 ETF와 마찬가지로, 기초지수 수익률에서 정확히 1배 또는 2배 반비례하는 방식으로 움직이지는 않는다.

원래, 레버리지와 더블인버스 ETF는 일일 기준으로 기초지수 등락률의 2배 또는 마이너스(-) 2배의 수익률을 추종하는 방식으로 운용된다. 따라서 전날 ETF 주가가 기초지수 변동률의 2배 또는 (-)2배에 연동하도록 자산을 구성하고, 다음 날 역시 기초지수 수익률의 비율에 맞춰 조정한다. 특히, 기초지수가 방향성 없이 심하게 등락하는 장세일 때 이들 종목을 장기간 보유한다면 큰 손실을 볼 가능성이 있으니 주의하라!

14
ETP의
거래 비용, 수수료, 세금

증권회사에 지급하는 수수료

개인투자자가 ETP 종목을 100만 원어치 매수하여 일정 기간 보유한 후, 매도하면 수수료 등의 부대비용이 어느 정도 발생할까? 그세부 항목에 관해 알아본다.

첫째, 우리나라에서는 증권회사를 통해서만 상장주식을 사고팔수 있다. 만약, 증권회사 점포를 직접 방문하거나 또는 전화를 걸어주식을 매매하면 거래금액의 0.5%에 해당하는 수수료를 내야 한다.

예를 들어, 특정 ETP 종목을 100만 원에 매수하자마자 즉시 매도한다면, 건당 5,000원씩 쳐서 합계 10,000원을 수수료로 증권회사에 내야 한다. 원래, 증권회사 직원을 통해 주식을 거래할 때에는 비싼 수수료가 적용된다. 그 이유는 사무실을 운영하면서 부담하는 임직원 인건비와 점포 관리 운영비 등의 비용을 수수료 수익으로 커버해야 하기 때문이다.

둘째, 비대면거래 방식인 컴퓨터를 통한 HTS(Home Trading System)나 스마트폰의 MTS(Mobile Trading System)를 이용해 주식을 거래하면 (증권회사마다 약간씩 차이가 나지만) 거래금액의 0.02~0.15%의 수수료를 내야 한다. 100만 원당 200원에서 1,500원 사이에 해당하는 금액이다. 예를 들어, 개인투자자가 특정 종목을 100만 원에 매수한 후 매도한다면, 건당 200~1,500원씩 합계 400~3,000원을 수수료로 부담한다. 현재 국내에서 주식 거래의 90% 이상이 HTS나 MTS로 이뤄지고 있다.

자산운용사와 증권회사에 지급하는 운용수수료

앞서 설명했듯이 ETF는 자산운용사가, ETN은 증권회사가 관리 운용하는 투자상품이다. 이 세상에 공짜로 제공되는 재화나 서비스는 없다. 다시 말해, 투자자가 ETP를 매수하여 일정 기간 보유한 후 매도하면 관련 기관들이 나름대로 정한 운용수수료를 부담해야 한다.

예를 들어, 특정 ETF의 운용 수수료율이 0.15%라고 하자. 투자자가 100만 원을 매수하여 30일간 보유한 후에 매도한다면, 대략 123원의 수수료를 부담한다. 만약, 100만 원을 1년간 보유한 후에 매도한다면 운용수수료는 1,500원으로 늘어난다. 기간별 운용 수수료의 계산식은 다음과 같다.

30일간 운용수수료 = 1,000,000원 × 30일 ÷ 365일 × 0.15% = 123원
1년간 운용수수료 = 1,000,000원 × 365일 ÷ 365일 × 0.15% = 1,500원

위에 나오는 수수료와 관련된 내용을 총정리해보자. 투자자가 HTS를 이용하여 ETP 종목을 100만 원어치 매수하여 1년간 보유한 후에 매도하면, 대략 2,000~4,500원의 수수료가 발생한다. 거래금액의 0.20%에서 0.45% 수준이다. 데이트레이딩(Day Trading)처럼 하루에도 수없이 많이 매매하지 않는 한, 투자자가 부담하는 수수료 등의 부대비용은 거의 무시해도 되지 않을 성싶다.

배당소득세와 양도소득세

국내에 거주하는 개인투자자가 ETP를 거래하면서 발생하는 소득에 대해 (도표 6-24)와 같이 세금이 부과된다.

(도표 6-24) ETP의 유형별 과세 방법

구분	국내 상장 ETP		해외 상장 ETF
	국내 주식형	기타 유형	
매매차익	비과세	배당소득으로 15.4% 원천징수	양도소득으로서 22% 과세
분배금	배당소득으로 15.4% 원천징수		

일단, ETP는 국내 상장 ETP와 해외 상장 ETP로 구분된다. 이 중에서 국내 상장 ETP는 국내 자산운용사(삼성자산운용 등)가 설계한 ETF와 국내 증권회사(삼성증권 등)가 설계한 ETN을 총칭하는 것으로, 국내 증권시장에서 상장되어 거래되는 종목들을 말한다.

국내 상장 ETP는 다시 국내 주식형과 기타 유형으로 구분된다.

첫째, 국내 주식형 ETP를 거래하면서 발생하는 매매차익에 대해서는 세금이 부과되지 않는다. 다시 말해, 국내에서 상장주식을 거래하면서 발생하는 매매차익 중 소액주주가 벌어들인 부분에 대해 세금을 매기지 않는 것과 똑같이, 국내 주식형 ETP를 거래하면서 발생한 매매차익에 대해서는 세금이 과세되지 않는다.

둘째, 국내 상장 ETP 중 (주식형에 해당되지 않는) 기타 유형의 ETP를 거래하면서 발생하는 매매차익은 배당소득에 해당되어 소득세가 과세된다. 기타 유형의 ETP에는 (이 책에서 설명한) 해외 주가지수에 투자하는 종목과, 원자재(예를 들어 원유, 천연가스, 비철금속, 농산물 등)에 투자하는 종목 등이 모두 포함된다.

셋째, 자산운용사는 ETF가 보유하는 주식에 대해 배당금 등의 수익이 발생하면, 일단 수익에서 제반 운용비용을 차감한 후 남는 잔액을 일정 기간(분기, 반기, 연말)마다 주주들에게 분배해 준다. 이 분배금은 일종의 배당소득에 해당되기 때문에, 수령액의 15.4%의 소득세(지방소득세 포함)를 원천징수한 후 그 잔액만이 주식 계좌에 자동으로 입금된다.

특기할 사항으로, 분배금이 연간 2,000만 원 이상이라면 별도로 종합소득세를 신고 납부해야 한다(투자액이 대략 10억 원 이상인 개인 투자자에게 적용되는 세금 조항이니, 그 이하 금액을 굴리는 소액투자자라면 관심을 두지 않아도 무방하다).

넷째, 개별 상장 주식(예를 들어, 삼성전자나 현대차 등)을 매도할 때에는 거래금액의 0.25%만큼 증권거래세를 납부해야 한다. 하지만 ETP를 매도할 때에는 증권거래세가 과세되지 않는다.

해외 주식(해외 ETP 포함) 매매차익에 대한 세금

해외 주식시장에 상장된 주식(예를 들어, 애플이나 아마존 주식 등)이나 ETP(예를 들어, SPDR S&P 500 ETF TRUST 등)를 사고팔다 보면, 배당소득과 주가 차익 등 2가지 소득을 얻게 된다.

첫째로, 해외 주식 등을 보유하면서 받는 배당금과 분배금 등은 금융소득이기 때문에, 수령액의 15.4%에 해당하는 소득세가 과세된다.

둘째로, 해외 주식 등을 매도하면서 발생하는 이익에 대해서는 양도소득세가 과세된다. 다시 말해, 매년 1월 1일부터 12월 31일까지 1년 동안 발생한 매매차익에서 매매차손을 상계 처리한 잔액이 플러스(+)라면 양도소득세가 과세되고, 잔액이 마이너스(-)가 되어 투자 손실을 기록하면 세금이 부과되지 않는다.

개인투자자는 (매매차익에서 매매차손을 차감한) 순 양도차익에서 기초공제액(연간 250만 원)을 뺀 금액에 대해 22%의 양도소득세가 과세된다. 개인투자자는 해외 주식 투자에 따라 양도소득이 발생한 연도의 다음 해 5월 말까지 주소지 관할 세무서에 세금을 신고 납부해야 한다.

해외 주식 투자와 관련하여 부수적으로 발생하는 환차익(환차손 포함)에 대해서는 양도소득세와 관련이 없다. 일례로, 해외 주식을 사고팔면서 1년 동안 1,000만 원의 투자 이익이 발생했지만, 환율 하락으로 인해 1,500만 원의 환차손을 입었다고 하자. 이 경우 해외 투자로 인한 순손실이 (-)500만 원이기 때문에, 양도소득세를 내지 않아도 된다고 착각할 수 있다. 하지만, 환차손은 양도소득세와 무관하므로, 다음과 같이 165만 원의 양도소득세를 신고 납부해야 한다.

신고 납부할 양도소득세 = (10,000,000 – 2,500,000) X 22% = 1,650,000원

반면에, 해외 주식을 사고팔면서 1년 동안 (-)1,000만 원의 손실을 얻었지만, 환율이 상승하여 (+)1,500만 원의 환차익이 발생했다고 하자. 이 경우 해외 투자로 인한 순이익이 500만 원이라 하더라도, 주식 매매로 인해 손실이 발생했기 때문에 양도소득세가 과세되지 않는다.

내가 사면 주가가 내리고,
내가 팔면 주가가 오른다?

투자 원칙을 정한다

↗

증시 주변에는 (교훈, 격언, 속어 등) 수많은 말들이 회자한다. 그중에서 개인투자자들의 마음에 가장 와 닿는 다음의 글귀가 있다.

'왜 항상 내가 사면 주가는 내리고, 내가 팔면 주가는 오를까?'

이 말에 대해 많은 사람이 '그래 나도 그랬던 것 같아'라고 무심코 동감하는 경우가 많을 것이다. 그런데 과연 이 글귀는 논리적으로 맞을까?

국내 개인투자자는 약 500만 명으로 추산된다. 전체 인구 5,000만 명 가운데 10%이고, 경제활동인구 2,500만 명을 기준으로 따져 보면 20%를 차지한다. 바야흐로, 직장 동료 5명 중 1명이 주식에 투자하는 시대에 우리는 살고 있다. 특히, 개인투자자 중 (주식 투자를 본업으로 삼은) 전업투자자가 대략 100만 명 정도로 추정된다.

앞의 표현이 이치에 맞으려면, 특정일에 500만 명의 전체 개인투자자가 (단 한 명도 예외 없이) 같은 종목을 매수해야만 하고, 그 종목의 주가는 반드시 하락해야만 한다. 이와 동시에, 개인투자자들이 매도하는 특정 종목의 주가는 반드시 상승해야 한다. 현실 세계에서 이러한 논리가 성립할 확률은 한 사람이 로또에 연속해서 수백 번 당첨될 정도로 낮다고 할 수 있다.

그런데도 왜 개인투자자들은 이 글귀에 동감할까? 그들의 속내에 다음과 같은 사정이 내재되어 있지 않나 싶다.

첫째, 개인투자자는 주식 투자해서 이익보다는 손실을 볼 가능성이 크다.

둘째, 개인투자자들이 손실을 보는 이유는 기관과 외국인 투자자에 비해 투자자금의 규모나 정보 등 모든 면에서 열위에 있기 때문이다.

셋째, 개인투자자가 주가에 영향을 미치는 모든 요인을 파악하고, 그와 관련된 완벽한 정보를 입수하여 투자하는 것은 시간과 비용 면에서 거의 불가능하다. 반면에, 기관과 외국인 투자자는 개인보다는 우위에 있다.

선현들의 말에 따르면 '사람이 무식하면 용감해지고, 유식하면 소심해진다.'라고 한다. 또한 '적은 지식은 매우 위험하다.'라고도 한다. 결국, 개인투자자는 어차피 완벽한 투자 정보를 얻을 수 없으니, 주식 투자와 관련하여 공부하거나 혹은 정보를 분석하기보다는 자신의 직감이나 혹은 (간혹 사기꾼이 포함된) 자칭 주식 전문가라 불리는 사람들의 조언에 따르는 게 더 편할 수도 있다. 이래서 대부분 투자에 실패한다.

그러면, 어떻게 해야 개인들은 주식 투자에서 성공할 수 있을까? 필자의 경험에 따르면, 지식이나 정보의 유무를 떠나서 자신에게 적합한 투자 원칙을 정해 무조건 따른다면, 일말의 성공 가능성이 있다고 본다. 특히 그 원칙은 되도록 단순하고 적을수록 좋다. 일례로, 그 원칙이 (다음과 같이) 단 하나뿐이라면 더더욱 금상첨화라 하겠다.

'골든크로스에서 매수하고, 데드크로스에서 매도한다.'

이동평균선의 기본 개념

원래 이동평균법이란 '평균을 이동시켜 계산하는 방법'을 말한다.

우선, '5일 이동평균'이란 5일 동안의 주가를 더해 5로 나눠 계산한다. 다시 말해, 과거 1일부터 5일 동안의 주가를 모두 더해 5로 나눈 수치가 이동평균 값이다. 그다음 날의 이동평균 값은 (첫날인 1

일은 제외하고 다음 날인 6일을 포함해) 2일부터 6일까지의 주가를 더해 5로 나눠 계산한다. 따라서 '5일 이동평균'을 계산하려면 최소 5일 동안의 주가 자료가 있어야 한다.

다음으로, '20일 이동평균'은 과거 20일 동안의 주가를 더해 20으로 나눠 계산한다. 이와 마찬가지로 '60일 이동평균'은 과거 60일 동안의 주가를 더해 60으로 나눠 산정한다. 이처럼 계산된 이동평균 값을 차트에 점을 찍어 이어서 작도한 그림이 이동평균선이다.

그러면 이동평균선을 주식 투자에 어떻게 이용할 수 있을까?

어떤 종목A의 주가가 1년(365일) 내내 1만 원이었다가 (국내 주식 시장에서는 상한가 제도로 인해 불가능하지만 편의상) 100만 원으로 급등했다고 가정하자. 이때의 기간별 이동평균 값은 다음과 같이 계산된다.

5일 이동평균 = ((10,000 X 4일) + 1,000,000) / 5일 = 208,000원
20일 이동평균 = ((10,000 X 19일) + 1,000,000) / 20일 = 59,500원
60일 이동평균 = ((10,000 X 59일) + 1,000,000) / 60일 = 26,500원
120일 이동평균 = ((10,000 X 119일) + 1,000,000) / 120일 = 18,250원

위 계산식에서 기간별 이동평균 값은 대상 기간이 길어질수록 줄어든다. 그 이유는 기간이 길수록 (분모가 늘어나) 특정일의 주가 급등 현상이 이동평균 값에 미치는 영향이 줄어들기 때문이다. 이와 같이 특정일에 주가가 큰 폭으로 급등하거나 급락하더라도, 대상 기간이 길수록 이동평균 값이 줄어들기 때문에, 장기 이동평균선은

완만한 모습을 보일 수밖에 없다.

유형별 이동평균선

실제 주식시장에서, 이동평균선은 그 기간에 따라 5일, 20일, 60일, 120일 등 4가지 유형이 기준이 된다. 각 이동평균선이 지닌 의미에 대해 알아본다. 주식시장은 (공휴일을 제외한다면) 1주일에 월요일부터 금요일까지 5일간 열린다. 따라서 5일 이동평균선은 주간 (週刊)의 주가 추이를 나타낸다. 매주 5일에 한 달 4주를 곱하면 20일로 계산되므로, 20일 이동평균선은 월간(月刊)의 주가 추이를 보여준다.

한편, 한 달 20일에 3개월을 곱하면 60일이므로, 60일 이동평균선은 분기의 주가 추세를 나타낸다. 가장 긴 120일 이동평균선은 한 달 20일에 6개월을 곱한 수치이므로, 1년의 절반인 반기 동안의 주가 추세를 보여준다. 모든 상장기업은 분기와 반기마다 경영실적을 작성하여 투자자들에게 공시해야 한다. 이 자료에서 경영실적이 호전된 기업들의 주가는 상승하고, 반면에 실적이 악화한 기업들의 주가는 하락한다. 따라서 60일과 120일 이동평균선은 분기 및 반기 실적에 따라 주가의 방향성을 결정짓는 장기 추세선으로 활용된다.

추세를 이용한 투자 기법

보통 주가가 상승 추세를 보일 때에는 위에서부터 아래로 현재 주가, 5일선, 20일선, 60일선, 120일선의 순서로 나열된다. 주가가 정배열하는 모습이다. 반면에, 주가가 하락 추세를 보일 때에는 위에서부터 아래로 120일선, 60일선, 20일선, 5일선, 현재 주가 순서대로 위치한다. 주가의 역배열된 양상이다.

원래, 상승 장세에서 정배열 모습을 보인 주가는 최고점을 찍고 나서 (금융위기나 코로나 사태 등 그 어떤 특이한 사유가 발생하면서) 하락세로 반전한다. 이때 주가가 5일선, 20일선, 60일선, 120일선 등의 이동평균선을 위에서 아래로 하향 돌파하는데, 이를 데드크로스(dead cross)라 부른다. 특히 주가가 5일선을 처음으로 하향 돌파하는 데드크로스에서 주식을 매도한다.

한편, 하락 장세에서 역배열 양상을 보인 주가는 최저점을 찍고 나서 상승세로 돌아선다. 이때 주가가 120일선, 60일선, 20일선, 5일선 등의 이동평균선을 아래에서 위로 상향 돌파하는데, 이를 골든크로스(golden cross)라 한다. 특히 주가가 5일선을 처음으로 상향 돌파하는 골든크로스에서 주식을 매수한다.

이러한 방법에 따라 (도표 7-1)에서 주식의 매매 연습을 해본다. 일례로 차트의 A점, C점, E점이 골든크로스이므로 매수 포인트에 해당한다. 반면에, B점, D점, F점이 데드크로스이므로 매도 포인트라 할 수 있다.

(도표 7-1) TIGER 미국S&P500선물(H) (종목코드 : 143850)

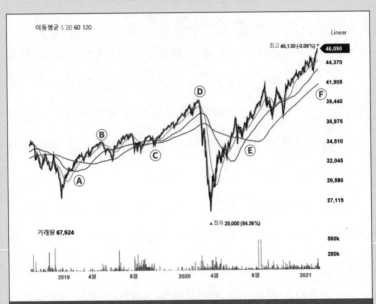

포인트	매매패턴	일시	주가	수익률
A	매수	2019년 1월 8일	30,085	
B	매도	2020년 2월 21일	39,285	30%
C	매수	2020년 4월 3일	28,930	
D	매도	2020년 9월 8일	40,100	39%
E	매수	2020년 11월 9일	40,285	
F	매도	2021년 1월 28일	43,460	8%

한편으로, 주가지수 투자 종목 중 정비례 종목이 최고점을 돌파하는 시점에 반비례 종목이 최저점에 도달한다. 정비례 종목에서 반비례 종목으로 갈아타는 시점이다. (도표 7-2)에 나오는 반비례 종목의 주가 차트를 통해 연습해 보기 바란다.

(도표 7-2) TIGER 미국S&P500선물인버스(H) (종목코드 : 225030)

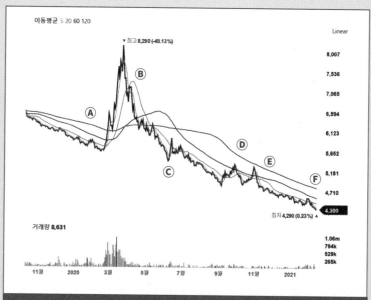

포인트	매매패턴	일시	주가	수익률
A	매수	2020년 2월 21일	5,830	
B	매도	2020년 4월 3일	7,190	23%
C	매수	2020년 9월 8일	5,105	
D	매도	2020년 11월 9일	4,825	(-)5%
E	매수	2021년 1월 28일	4,440	
F	매도	2021년 1월 28일	43,460	

박스권에서의 단기매매 기법

이동평균선을 이용하여 주식을 단기 매매하는 경우, 그 이면에 담긴 특이한 가정 몇 가지를 이해할 필요가 있다.

첫째, 모든 가격(주가, 유가, 환율, 금리 등)은 나름대로 내재가치(본질 가치)를 갖고 있다.

둘째, 과거의 가격을 이동평균한 값이야말로 내재가치거나 혹은 거의 근접한 수치에 해당한다.

셋째, 가격이 이동평균선에서 크게 벌어진다고 하더라도, 일종의 구심력이 작용함으로써 언젠가는 이동평균선으로 되돌아온다.

이러한 가정을 바탕으로, 정비례 종목의 주가 차트를 분석해 보자. (도표 7-3)에는 주가선(매일의 종가)과 5일, 20일, 60일, 120일 등 4개의 이동평균선이 게재되어 있다.

원래, 단기 이동평균선인 5일선은 주가와 거의 같이 움직인다. 반면에 20일선은 그 굴곡이 점차 줄어들고 있고, 그 기간이 더 길어지는 60일선과 120일선은 완만한 평행선으로 나타난다. 특기할 사항으로, 위에서 아래로 실제 주가, 5일선, 20일선, 60일선, 120일선의 순서로 배열된 것으로 미루어 현재 주가는 상승 추세에 있다.

(도표 7-3)을 보면, 이 종목의 주가는 박스권에서 점진적으로 상승하는 모습을 보인다. 이때 주가가 5일선을 상향 돌파하면 매수하고, 하향 돌파하면 매도하는 방식에 따르면, 거의 매일같이 거래할 수밖에 없는 상황이 된다. 그런데, 수시로 매매해서는 절대 이익을 낼 수 없다. 이 문제를 해결하기 위해, 5일선이 20일선을 상향 돌파하면 매수하고, 반대로 하향 돌파하면 매도하는 식으로 거래한다.

참고로 주가가 상승세에서 이동평균선을 상향 돌파하지 못하고 하락 반전하는 때가 있다. 즉, 주가가 5일선은 돌파했지만 20일선

(도표 7-3) TIGER 미국S&P500선물(H) (종목코드 : 143850)

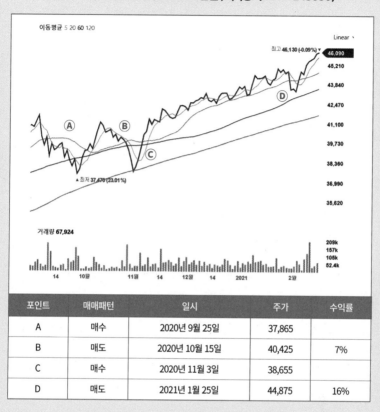

포인트	매매패턴	일시	주가	수익률
A	매수	2020년 9월 25일	37,865	
B	매도	2020년 10월 15일	40,425	7%
C	매수	2020년 11월 3일	38,655	
D	매도	2021년 1월 25일	44,875	16%

에서 가로막혀 하락세로 돌아서는 상황이다. 이때 20일선이 저항선으로 작용한다.

저항선이란 주가의 고점을 연결하여 그린 선으로서, 일명 '하락추세선'이라고도 부른다. 보통 저항선까지 주가가 올라가면 투자자들이 심리적으로 충분히 상승했다고 생각하여 매도에 가세하는 지점을 말한다.

한편, 지지선이란 주가의 저점을 연결하여 그린 선으로, 일명 '상승추세선'이라고도 한다. 보통 지지선까지 주가가 내려가면 투자자들이 심리적으로 충분히 하락했다고 생각하여 매수에 가담하는 지점을 말한다.

이동평균선을 활용할 때의 문제점

이동평균선의 골든크로스나 데드크로스에서 매매하면 실제 최고점 매도나 최저점 매수보다는 약간의 시차가 존재한다는 사실을 알 수 있다. 즉, 골드크로스에 매수하면 최저점에서 매수하는 것보다 약간 비싼 가격에 사야 한다. 한편, 데드크로스에 매도하면 최고점에서 매도하는 것보다는 싼 가격에 팔아야 한다. 이른바 무릎에서 사서 어깨에 파는 식이다. 특히 주가가 급등락하는 상황이라면, 그 가격 차이가 크게 날 수도 있다.

그럼에도 이동평균선의 골드크로스와 데드크로스에서 매매하면, 최고점에 매도하거나 최저점에 매수할 때에 비해 이익은 줄어들지만, 손실을 최소화시키는 안정적인 매매기법이라 할 수 있다. 특히 개인투자자에게 있어 공격적으로 이익을 늘리기보다는 보수적으로 손실을 줄이는 투자 방법을 택할 때, 보다 합리적인 매매기법이라 하겠다.

찾아보기

나는 해외 ETF에 투자한다

초판 1쇄 인쇄 2021년 8월 01일
초판 1쇄 발행 2021년 8월 10일

지은이 | 홍성수
펴낸이 | 한준희
펴낸곳 | ㈜새로운 제안

책임편집 | 이도영
디자인 | 박정화
마케팅 | 문성빈 김남권 조용훈
영업지원 | 손옥희 김진아

등록 | 2005년 12월 22일 제2020-000041호
주소 | (14556) 경기도 부천시 조마루로 385번길 122 삼보테크노타워 2002호
전화 | 032-719-8041
팩스 | 032-719-8042
홈페이지 | www.jean.co.kr
Email | webmaster@jean.co.kr

ISBN   978-89-5533-616-0 (14320)
        978-89-5533-618-4 (15320) 전자책
        978-89-5533-591-0 (14320) 세트